北海道・栄養学校の母

鶴岡トシ物語

佐々木ゆり 著

ビジネス社

謝辞

北海道民の健康を支えた故鶴岡新太郎・トシ先生ご夫妻に捧ぐ。

本執筆にあたり、鶴岡学園鈴木武夫理事長、浅見晴江事務局長をはじめ、
鶴岡学園関係諸氏のご協力をいただき、ここに感謝申し上げます。

プロローグ

新千歳空港に向けて着陸態勢にはいったＢ７３７型機は、苫小牧沖で高度を落とした。窓下に、えりも方面へと弓なりにつづく海岸線が見えた。

やがて工場地帯の上空を通過した飛行機は、緑広がる大地の上にさしかかった。整然と区割された田畑が映る。冬は純白、春は赤茶、初夏は薄い緑。季節の移ろいとともに色彩も変わる大地の実りが米なのか野菜なのか、それとも牧草なのか機上からは識別できない。けれども、真夏の大地は青々とエネルギーに満ちあふれ、今年の豊作を伝えてくれているようだった。

まさか、それからひと月とたたないうちに、美しいこの大地が烈震の直撃を受けようとは誰が予想できただろう。

人類の命を育んできた大地、そして海。人類は山の幸、海の幸を食べることで生命活動を維持し、次世代へと命をつないできた。しかし、哀しいことに産業革命を経験してからの人類は、地球に対してかなり暴力的だった。そのツケが自然災害というカタチで、人類の行く末に影を落とそうとしている。

そもそも人類は、地球の許容量を超えるほど増えすぎてしまったのかもしれない。

２０１８（平成30）年９月11日に国連が発表した２０１８年版「世界の食料安全保障と栄養の現状」報告書によると、世界の飢餓人口は２０１７（平成29）年に８億２１００万人にのぼり、９人に１人が飢えに苦しんでいる。地域紛争、経済問題、乱獲などの人為的な要因に加え、洪水や干ばつなどの自然災害も食料増産の足を引っぱっている。

世界の人口爆発とそれにともなう食糧危機を憂え、網走市内にある東京農業大学生物産業学部が地元篤志家の応援を受けて、エミューというオーストラリア原産の大型鳥類の飼育をはじめたのは、もう20年以上も前のことだった。

飼育を提案したのは、当時、同大の教授だった渡部俊弘先生だ。もともとはボツリヌス菌の研究者だが、地域産業との連携を重視する東京農大の実学主義を積極的に実践した教員のひとりである。

エミューは、超攻撃的なダチョウとちがい気性がおだやかなので、畜産の素人や高齢者でも飼育がしやすい。赤身の肉は生でも食べられ、オイルは、オーストラリアの先住民アボリジニが昔から健康管理に利用してきた。さらに、エミューは鶏卵で10個分に相当するサイズの卵も産む。東京農大では、管理栄養士でもある渡部夫人、和代(かずよ)さんのアイディアで、この卵を使った「笑友(エミュー)生どら焼き」を大学ブランド食品として発売した。材料の大半は道産で、地元網走の小さな和菓子屋で1個ずつ、ていねいに焼いている。東京農大では、このどら焼きを広告塔に、エミューの飼育を畜産が盛んな北海道でまず広め、食料増産につなげようと考えた。

2006(平成18)年3月、わたしは網走を訪れ、こうした試みを取材させてもらった。エミューとどら焼きは、情報誌『DIME』(小学館)で、「佐々木ゆりのすべからく研究は製品たるべし! 大学は美味(おい)しい‼」と題した連載の初回を飾ることになった。

あれから12年。渡部教授は、2018(平成30)年4月に北海道文教大学の学長に就任した。東京農大を定年退職したのを機に、かつて講師として教壇に立っていた古巣に戻った。大学は、新千歳空港からクルマで20分ほどの恵庭市内にあるという。

「北海道文教大学の前身は、札幌にあった北海道栄養短期大学ですよ。うちのカミさんの母校です」

渡部学長からこう聞かされ、初めて北海道文教大学と北海道栄養短期大学がイコールでつながった。略して「栄短」。中学時代に家庭科を担当していたN先生の出身校だ。

あるとき、N先生は授業中にこういった。

「みなさん、加工食品を買うときには成分表示を見て、添加物が5種類以上入っていたら買っちゃいけません。添加物は国が認めたものしか使われていませんが、やっぱり、からだにはよくないから」

高度経済成長にともない加工食品の種類が右肩上がりに増えていた時期だった。けれども、その当時、多くの家庭で食べられていた加工食品は、ひじきや切り干し大根などの乾物をのぞけば、カレーやシチューの素、魚肉ソーセージ、ハム・ベーコン類、インスタントラーメン、ケチャップやマヨネーズなどの洋食調味料や和食調味料ぐらいだった。冷凍食品も一般にはそれほど普及していない。

明治生まれ、釧路（くしろ）育ちの祖母が台所に立っていたわが家では、スープは鶏ガラやくず野菜でとり、みそ汁や煮物に使う出汁（だし）は煮干しや干しシイタケ、煮豆も十勝産のものに上白糖を加えて炊き、ほとんどの料理は手づくりだった。

いまでは身近なレトルト食品も、女優の松山容子（まつやまようこ）の写真がパッケージに印刷された「ボンカレー」くらいしかなく、それだって、わたしの周囲では、そんなに食べられていなかった。ハウス食品やエスビー食品のルウを使ったカレーライスしか食べさせてもらえず、「ボンカレーを食べてみたい！」と、あこがれたものである。

むろん、どこの家庭でも子どもたちは「チョコボール」のようなチョコレート菓子、「かっぱえびせん」、「カール」、ブルボンの菓子などは食べていたが、子どもも大人も「添加物ってチクロでしょう」程度の知識しかなかったのではないだろうか。

そんなわけで、N先生の話はかなり衝撃的で、独り立ちしてからの食生活を、「添加物、調味料最小限」に向かわせることとなった。

いまにして思うと、多くの人が添加物に無頓着（むとんちゃく）だった1970年代前半に、ハム・ソーセージなど添加物たっぷりの加工食品を「危ない食品」として生徒に教えたN先生は、時代の先を行く知識の持ち主だったわけだ。そして、そのN先生を育てたのが、北海道文教大学の前身である北海道栄養短期大学だった。

驚くことに、栄短は4年制大学に姿を変えただけでなく、2018（平成30）年の時点では健康栄養学科、作業療法学科、理学療法学科、看護学科、こども発達学科を擁（よう）する人間科学部へと発展し、大学院や外国語学部まであるという。この変容ぶりは食生活、寿命、疾病、ニーズなど日本社会の変化をそのまま映し出している。

2018（平成30）年8月のある日、わたしはその北海道文教大学を訪ねた。

場所は、JR恵庭駅東口から歩いて10分ほど。キャンパスは、駅から一直線に延びる舗装道路の突き当たりにある。道の両サイドには戸建て住宅や2階建てマンションが並んでいる。道路脇には手入れの行き届いた小さな花壇が大学の正門前までつづいていた。カラフルな花々は、学生たちが毎年植えているという。

それにしても、取材のためにこれまで各地の大学を訪れたが、最寄り駅から1本の直線道路でつながっている大学は見たことがない。後日、その理由を知ることになるのだが、大学のアプローチのような直線道路ができたのも、北海道栄養短期大学が組織も名称も変え、札幌市南区からこの地に移ったことがきっかけだった。

散策気分でキャンパスにたどりつくと、正門脇の芝生に立つ2対の胸像が目に止まった。台座銘板には、「鶴岡新太郎（つるおかしんたろう）先生」、「鶴岡（つるおか）トシ先生」とある。北海道文教大学の母体である「鶴岡学園」の創立者夫妻だ。

その創立者夫妻の功績を称え、2017（平成29）年には、胸像のそばに、3階建て、668席の大ホールや多目的室などがある「鶴岡記念講堂」が完成した。1階には、「鶴岡先生史料室」もある。

100平米ほどの室内には、色あせた布張り椅子やちゃぶ台、桐タンスなどの家財道具がいくつか展示され、料理本、イラスト付きの食材・調理道具の手作り解説書、学校開校時の申請書類などがガラス張りのケースに収められていた。展示物はどれも鶴岡夫妻ゆかりの品々だ。

「北海道文教大学の前身は北海道栄養短期大学ですが、その前は北海道栄養学校という専門学校でした。じつは、この校名も改称されたもので、北海道女子栄養学校というのが開校当初の名称です。昭和17年の戦争中に創設され、日本で6番目にできた栄養学校だったんですよ」

渡部学長はサラリと説明したが、世界で初めて佐伯矩博士が1924（大正13）年に創設した「栄養学校」（現・佐伯栄養専門学校）の誕生から18年後、つづく「家庭食養研究会」（現・香川栄養学園）の創設から9年しかたっていない。しかも戦時下に新設が許されたというのである。それだけでも十分に驚かされたが、渡部学長はさらにこんなエピソードも披露した。

「鶴岡トシ先生は明治生まれで、故郷の新潟で小学校の教員をやっていた。その職を捨てて、大正時代にひとりで札幌に渡ってきました」

北海道には新潟県からの移住者が多い。とはいえ、まだ発展途上だった北海道に、女性がひとりで津軽海峡を渡ってきたというのだから、ビックリ仰天である。鶴岡トシという女性は好奇心が旺盛（おうせい）で、ものすごくバイタリティがあったのだろう。

感心していると、短大時代から勤める浅見晴江（あさみはるえ）事務局長が、もうひとつ興味深い話を聞かせてくれた。

「トシ先生は、札幌に移住してから新太郎先生と結婚しました。新太郎先生も東京から移住した方で、道内各地で生活改善や食事改善の指導をおこない、あまりにもひどい食生活にショックを受けたそうです。そして、栄養指導ができる栄養士を養成しなければいけないと考え、トシ先生とおふたりで北海道女子栄養学校を創設なさったんですよ」

自分の両親から聞かされていた戦前の北海道の食生活というのは、手作りバターだの、焼きたて食パンだの、ビスケットやミルクチョコレートだの美味しそうな話ばかりだった。

都市部でそんな豊かな食生活があった陰で、鶴岡夫妻を栄養学校の設立へと向かわせたほど粗末な食生活があったとは……。

鶴岡夫妻は、北海道女子栄養学校を創設するまで約20年もの歳月をかけた。この間、新太郎は道庁の依頼で生活改善や食事改善の指導をおこないながら、道内各地の女学校で教員として調理を教え、料理本も数冊出版した。さらに、北大農学部の聴講生として学び、学校創設に向けて着々と準備を進めた。

いっぽうのトシも華道や茶道を教えたり、女学校教員として働いたりと、夫婦ともにダブルワーク、トリプルワークの大忙しだった。そしてふたりは、蓄えた知財、私財、〝人財〟という3つの財産を投じ、北海道女子栄養学校を誕生させた。商いや資産運用などで富を得た金持ちが、学校をつくったわけではないのだ。

しかし、戦時下の開校だったために、校長のトシはスタートから調理実習の食材確保に悪戦苦闘する。かたや調理を教えていた新太郎も、乏しい食材のレシピ考案に四苦八苦しながら、それでも、週に3回も調理指導をおこなった。

こうして学んだ卒業生たちは、まず軍需工場、病院、官公庁などで栄養のある食事づくりに努めた。全国的に数えるほどしか栄養士養成施設がなく、今日のように都道府県知事が認める「栄養士」、厚生労働大臣が認める「管理栄養士」の資格もなかったなかで、北海道女子栄養学校卒業生の活躍は、とくに厚生省（現・厚生労働省）や道庁などの官公庁に栄養士の存在価値を知らしめる一助となった。

戦後、卒業生たちは、保健所や学校などさまざまな方面に活動の場を広げ、一般市民にも食事指導、栄養指導をおこなうようになった。なかでも昭和20年代は、日本国中が栄養不足の渦中にあり、成長期の子どもの栄養問題はきわめて深刻だった。学校給食の拡大と内容の充実が急がれるなかで、卒業生たちが現場で活躍できたのも、時代の要請に即応できる人材が、すでに何十人も巣立っていたからだ。その意味で、鶴岡夫妻がはたした役割はきわめて大きい。

ところが、残念なことに鶴岡夫妻の活躍を1冊にまとめた出版物は、大学関係者向けの印刷物以外になかった。

じつは、わたしはかつて医療分野で取材活動をおこなっていた。必要に迫られ、その後、栄養学を学び、管理栄養士の資格を取得した。そんなことから鶴岡夫妻の軌跡（きせき）にがぜん興味をおぼえ、本書を執筆するに至った。

執筆に際しては、北海道文教大学の鈴木武夫（すずきたけお）理事長をはじめ、前出の渡部学長や浅見事務局長、外国語学部国際言語学科の中村至（なかむらいたる）学科長、総務部の職員の皆さまにご協力いただいた。

鶴岡夫妻を知る手立てがかぎられているため、鶴岡学園史などに残る同窓生や教職員の手記を頼りに執筆した個所も多い。言葉遣いは、ほぼ原文どおりに、旧字体の一部は新字体で掲載し、印刷物からの抜粋については、北海道文教大学の了承のもとで転載している。なお、本文中で鶴岡夫妻については、「新太郎」、「トシ」と表記し、そのほかの方々についても、文章の流れに応じて敬称を一部略した。

さてと、前置きはこのぐらいにして、ここから先は北海道の食物史とともに、栄養指導に人生をかけた鶴岡夫妻の軌跡をたどる旅へと出発しよう！

佐々木ゆり

北海道文教大学の正門にある鶴岡新太郎・トシ夫妻の胸像

北海道文教大学のキャンパス(2018年)。右手前の建物が「鶴岡記念講堂」

第3章 越後女の誇りに賭けて

第4章 誕生、戦時下の栄養学校

第5章 食卓に栄養と幸せを

第6章 清く 正しく 雄々しく進め

第1章 北海道 明治の食事情

札幌中心部にあるデパート丸井今井札幌本店を描いた
戦前の絵葉書

先人の息吹き伝わる地で

新千歳空港ビル2階のショッピングゾーン。観光客であふれかえるここには、道内各地から集められたメイド・イン・北海道の食品が無数に並んでいる。

訪れた先々で土産を買わなくても、ここに来れば、とりあえず道産の食べ物は手に入る。ここでは、北海道グルメを代表するソフトクリーム、ラーメン、寿司だって食べられる。

新千歳空港ビル2階の食品の総カロリーは、天文学的な数字になるだろう。

しかし、「蝦夷地（えぞち）」が「北海道」と命名された約150年前、北海道産の食品は数えるほどしかなかった。

1869（明治2）年、北方4島を含む約8万8453平方キロメートルの大地と周辺海域でとれていたものは、コンブ、ニシン、サケ、タラ、カニ、アワビ、ナマコなどの海産物がほとんど。むろん、「ゆめぴりか」や「ふっくりんこ」などのブランド米はない。それどころか、冷涼な気候ゆえに、本州からの移住者が早くから定住していた渡島（おしま）半島でさえ、米は栽培されていなかった。

蝦夷地を治めていた松前藩は、国内で唯一、石高が「無高」の藩だった。藩の経済を支える収益源となったのは、コンブ、ニシン、タラ、数の子、アワビなどの海産物、〆カス（魚肥）、獣鳥の皮、木材など。これらの品々は、「北前船（きたまえぶね）」と呼ばれた木造の弁財船で、主に松前、江差、箱館（現・函館）から出港して、日本海側の酒田、新潟、能登半島、福井などを経由しながら、最終的に商都大坂（現・大阪）へと運ばれた。

　京都あたりのそば屋でよく見かける「にしんそば」は、そばの上に甘辛く炊いたニシンがのっかっている。汁はコンブとカツオの合わせ出汁。その身欠きニシンもコンブも北前船が運び、福井や大坂から京の都へと上った。

　コンブは、函館の海でとれる「真昆布（まこんぶ）」が「宇賀昆布（うがこんぶ）」として室町時代には京都で流通していた。当時、宇須岸（うすけし）と呼ばれていた函館には、コンブ漁で生計を立てようと、本州からの移住者が集まってきた。

　２０１３（平成25）年12月、「和食」はユネスコの世界文化遺産の指定を受けた。コンブで出汁をとるという発明がなければ、和食はちがうカタチになっていたかもしれない。

　しかし、北海道の海でどれほどたくさんコンブがとれようとも、低カロリーのコンブでは力が出ない。米でも麺でも、やっぱり糖質の主食がほしい。北前船は、内地（本州以南の地域）から米を運び、松前に住む人々は米の飯を食べていたという。

他方、北海道の先住民であるアイヌの人々は、海水で味付けした魚汁や山菜汁、肉汁などを主食のように食べ、これに、ヒエ、アワ、イナキビ、オオウバユリのおかゆなどを副菜として食べていた。

アイヌ民族は、縄文人の末裔だ。縄文時代は約1万年つづいたといわれ、青森県の三内丸山遺跡をはじめ、全国各地で遺跡が発見されている。北海道文教大学のキャンパスに隣接する「カリンバ遺跡」もそのひとつだ。

1999（平成11）年、この遺跡で発掘調査がおこなわれ、縄文時代後期から晩期はじめ（約3000年前）のものと推定される、漆塗りをほどこした耳飾りや腕輪などの装身具や勾玉が発見された。

「カリンバ」とは、アイヌ語で桜の木の皮を意味する。かつて、ここにはアイヌ民族の住居や墓もあった。

縄文期の合葬墓から多数の副葬品が発見されたのは、札幌市南区藤野（藤の沢）にあった北海道栄養短期大学が、北海道文教大学として生まれ変わり、恵庭市黄金中央に移ったのと同じ年だ。

鶴岡学園が4年制大学新設のために用地を取得したのは1984（昭和59）年。当時は笹やぶが広がる原野で、宅地化も進んでいなかった。大学の新設にともなう市道整備がおこなわれなければ、副葬品は埋もれたままだったかもしれない。むろん、アプローチのような恵庭駅東口からの直線道路も建設されなかっただろう。

その原野に建てられた北海道文教大学のキャンパスには、アイヌの人たちが食べていたオオウバユリがいまも自生している。食べ物があったから人が住みついたのか、ここで暮らしているうちに、食べられることを発見したのかわからないが、人類の誕生から今日まで、人は食べ物を求めて移動をくり返してきた。明治維新以降、北海道に次々と移住者が渡ってきたのも、国策はともかくとして、食べていくためだった。

食うなら、やっぱり米だべさ

明治時代になると、アイヌの人々は新政府によって代々住んでいた好条件な土地を奪われたうえに、同化政策でアイヌ語の学習機会まで奪われてしまう。同時に、海や山の幸を必要な分だけ確保して食べる独自の食文化も崩壊し、食事も日本化していった。

じつは、こうした明治期の食文化の変化は、ほかでもおきていた。

1871（明治4）年、宮中が肉食を解禁した。このことが翌年の新聞で報じられると、西欧文化が一気に流入した東京や横浜では、「牛鍋」が大流行した。東京・浅草や横浜では、当時からの店がいまも何軒か営業している。

東京や横浜では、ビスケット、シュークリーム、アイスクリームなどの洋菓子も普及しつつあった。

日本人はもともとグルメなのか、明治維新で欧米文化がなだれ込んでくると、食生活にも巧みに取り入れていった。乳製品や肉類など、欧米料理は油っこいものが多い。脳は、油脂を美味いと感じる。明治政府が肩入れしていたとはいえ、ハイカラな洋食が広がったのは、もっともな話だった。

しかし、北海道の内陸部に移住した開拓者にとって、洋食の流行など別世界の出来事だった。当時、北海道の大半は、原生林や笹やぶに覆われた未開の地。その辺の森でとった鹿肉やウサギ肉を食べ、ヒエやアワなどの雑穀や馬鈴薯、山菜を食べ、自給自足で食いつないでいた。

ただ、札幌だけは別だった。明治の早い時期から、一部で洋食が食べられていた。これには、開拓使の第3代長官に任命された黒田清隆（1840～1900）がアメリカ合衆国から招聘した、ホーレス・ケプロンの助言が影響している。

農務局長だったケプロンは、冷涼な気候を考慮して畑と酪農を中心とした欧米型農業の導入を勧め、果物の苗や種も持参したという。

米づくりに適さなかった地に、麦の栽培を勧めたのもケプロンで、1875（明治8）年に開校した北海道大学の前身、札幌農学校の創設もケプロンがいたからこそ実現したといわれるほどだ。このような経緯から、札幌農学校の学生は米食ではなく、パンを主食とする洋食をとり、明治中期には、札幌市内に洋食屋やパン屋があった。

話を恵庭に戻そう。

北海道文教大学のキャンパス脇を通る国道36号線。この通称「サブロク線」を札幌方面に向かって進み、北広島市との境界線を越えたあたりに旧島松駅逓所がある。ここは1877（明治10）年に、札幌農学校での役目を終えたクラーク博士が、“Boys,be ambitious like this old man.”の言葉を学生たちに残し、去っていった場所だ。

駅逓所とは、入植者や旅人のために用意された休憩所・宿泊所で、乗ってきた馬も休憩でき、馬のない人には馬の貸し出しもおこなった。

クラーク博士ゆかりの旧島松駅逓所は、もともとは1873（明治6）年に道南以北で初めて寒冷地米の栽培を成功させた中山久蔵の邸宅だった。

中山久蔵は現在の大阪府の農家に生まれ、北海道に移住した。ケプロンの助言で欧米型農業を振興した開拓使の方針に反して米づくりに挑んだのも、米を食べて育った開拓者たちの〝ごはん願望〟が根強かったからだろう。

「麦食え、イモ食えっていわれたってよ、あんなもんじゃ、腹がもたないべ。麦が混じった〝かて飯〟でもいい。米粒食いてぇな〜」と、思ったにちがいない。なにしろ稲作は縄文時代後期からはじまり、およそ3000年の歴史があるといわれている。米がとれる内地からの移住者たちに、麦やジャガイモを食べろというのは、そもそも無理があった。

かて飯とは、雑穀や野菜などを混ぜたごはんのことをいい、北海道では第2次世界大戦後も、かて飯を食べる家庭が多かった。

2008（平成20）年以降、北海道の米の生産量は全国1位ないし2位で推移している。

無理だと思われていた米づくりが大成功を収めたのだから、〝食欲パワー〟というものは、わたしたちが考える以上の奇跡を生むのだろう。

　稲作が成功したのと同じ年には、渡島半島の亀田郡七重村（現・七飯町）にあった「七重開墾場」で、粉乳とバターが試作された。これに遅れること3年。１８７６（明治9）年には、開拓使によって官営漁村放牧場が、現在の恵庭市駒場町、恵南地区につくられた。その規模は、牛と馬を合わせて約２００頭だったというが、牧草の生育が悪く、ここでは夏と秋だけ放牧がおこなわれるようになった。

　２０１７（平成29）年の時点で、恵庭市で乳牛を飼育する酪農家と頭数は20戸、１９８７頭。肉牛は6戸、１４７頭を数える。肉牛の頭数が徐々に増えているのに対して、乳牛は減りつつあるが、ケプロンの遺産は脈々と引き継がれている。

　とはいえ、明治、大正、昭和の戦前・戦後の道民の食生活は、海産物が豊富な海岸部や札幌市などの一部を除き、長く栄養不足との闘いだった。

食生活は自給自足、地産地消

「今日の昼は、ごしょいも（ジャガイモ）だよ」

「今日の昼は、トウキビ（トウモロコシ）茹でたよ」

1970年代くらいまで北海道で子ども時代をすごした人なら、こういう言葉を、母親や祖母から聞いて育ったのではないだろうか。あるいは、昼ごはんはイモ団子やカボチャ団子だったかもしれない。

親世代は大正から戦前の生まれ、祖父母世代は明治生まれ。ジャガイモ（根菜類）もカボチャ（果菜類）もトウモロコシ（スイートコーン／果菜類）も、彼らが子ども時代から慣れ親しんだ食べ物だ。

いっぽう、海岸部では貝も魚もとれた。これは、生命維持に欠かせないタンパク源。古来変わらぬ海の恵みだ。野菜を栽培していなくても、海藻や山菜を食べれば、ビタミン、ミネラル、食物繊維はとれる。

漁村で暮らす人々の食生活は、内陸部のそれと比較してはるかに栄養バランスがよく、魚にしても貝類にしても当時はたくさんとれたので、飢えることはなかった。

たとえば、北海道のソウルフードのひとつに、三平汁（さんぺいじる）がある。昨今の三平汁は、もっぱらサケを使うが、江戸時代に松前近辺で誕生したころは、サケではなくニシンを使ったという。

ニシン漁でにぎわった北海道の日本海側では、サケ、ホッケ、タラなどもとれる。そこで、これらの魚も三平汁に使った。ジャガイモ、ニンジン、大根などの野菜を加えることで、魚のタンパク質や脂質（オメガ－3系脂肪酸）に加えて、炭水化物、ビタミン、ミネラル、食物繊維などの栄養素も加わり、バランスのよい料理になる。

「浜へ行けばコンブや岩ノリがとれたし、魚も近所からもらったりしたから食べるものには困らなかった」

こう語ったのは、1899（明治32）年に釧路で生まれた筆者の祖母だ。秋サケ漁の時期に生ザケが手に入ると、頭部や身のついた骨の部分を使った三平汁が、わが家の食卓を飾った。その祖母も、昼食にはジャガイモ、トウモロコシをよく食べていた。

冷害で七転び八起きの農業生産

明治、大正と時代が進んでいくなかで、北海道の農業は少しずつ耕作地を広げ、ジャガイモ、カボチャ、トウモロコシなど糖質の多い野菜をはじめ、タマネギ、キャベツ、大根、トマト、キュウリなどの野菜、小豆や大豆など豆類の収穫量も増えていった。

さらに、稲作農家も増加。1909（明治42）年には農家戸数14万7420戸、耕地面積51万7989ヘクタールになった。

1920（大正9）年には、道産米の収穫量が119万1077石（約17万8516トン）になり、札幌で祝賀会が開かれている。

それでも、農家の多くは貧しかった。

時代は少し進むが、オホーツク海に近い、現在の標津町（しべつちょう）川北地区で育った昭和一桁世代のNさんは、子ども時代（戦前〜戦中）の食生活をこうふり返る。

「うちは農家で、牛とニワトリも飼ってたから、毎日じゃないけど、牛乳と卵は食べたよ。鶏肉も、年に数えるほどだったけど、家にいるのをつぶしたときは食べれた。でも、魚なんかほとんど食べれなかった。尾岱沼に住んでた親戚からたまにチカをもらうと、それを焼いてから縄でつないで干してさ、煮干しの代わりに使ってたよ。出汁をとった後は、そのまま食べれるしね。まあ、それだって、いまみたいに車で行き来したわけじゃないから、年に数回だったけどね」

Nさんはカボチャ団子、イモ団子をよくつくる。子どものころ、日常的に食べていたのだという。

大根とサケの挟み漬け、白菜漬け、飯寿司、天ぷらかまぼことフキの煮しめ、ウドの酢みそ和え、ヨモギ団子、うずら豆や金時豆の煮豆、サケの三平汁、糠ニシンなども、N家では定番料理だ。

これらの料理は、主に明治〜大正生まれの女性たちから聞き取り、道内各地の食生活をまとめた『聞き書　北海道の食事』（「日本の食生活全集　北海道」編集委員会編集、農山漁村文化協会刊）で紹介されている料理と共通する。

北海道は地域によって生産物が異なり、今日のように食品流通が発達していなかった時代は、地産地消の郷土色豊かな食生活だった。ただ、農村部ではひとたび冷害がおこると、大打撃を受けた。

米の生産量が増えていたなか、1913（大正2）年には大凶作、2年後の1915（大正4）年には上川・空知・河西管内が大水害に遭った。こうして大正から昭和初期にくり返しおきた冷害では、食べるものがなく、豆腐粕、澱粉粕、ソバ殻、楢の実団子（アク抜きしたドングリを乾燥させ、粉にしたもの）、ソバ殻の粉にトウモロコシを混ぜた握り飯、干した大根葉に豆腐粕を混ぜたものなどで飢えをしのいだ地域もあった。

そんなふうに農村部の人々が貧しい食生活に耐えていた1919（大正8）年、仕立てのよい背広を着た青年が、札幌停車場に降り立った。

スティックスタイルの瀟洒な駅舎を背にした彼の目の前には、はるか先まで「停車場通」が延びていた。

幅広の通りを開通したばかりの路面電車がゴトゴト行く。

見馴れた銀座通りの市電が脳裏をかすめた。

通りの両脇には青々と葉を茂らせたアカシア並木、左手にはレンガ造りの大きな建物が建っていた。札幌で最初に開業した百貨店「五番館」だ。

さわやかな風が頬をなでた。ほのかに甘い香りを感じ、長旅の疲れが消えていくようだ

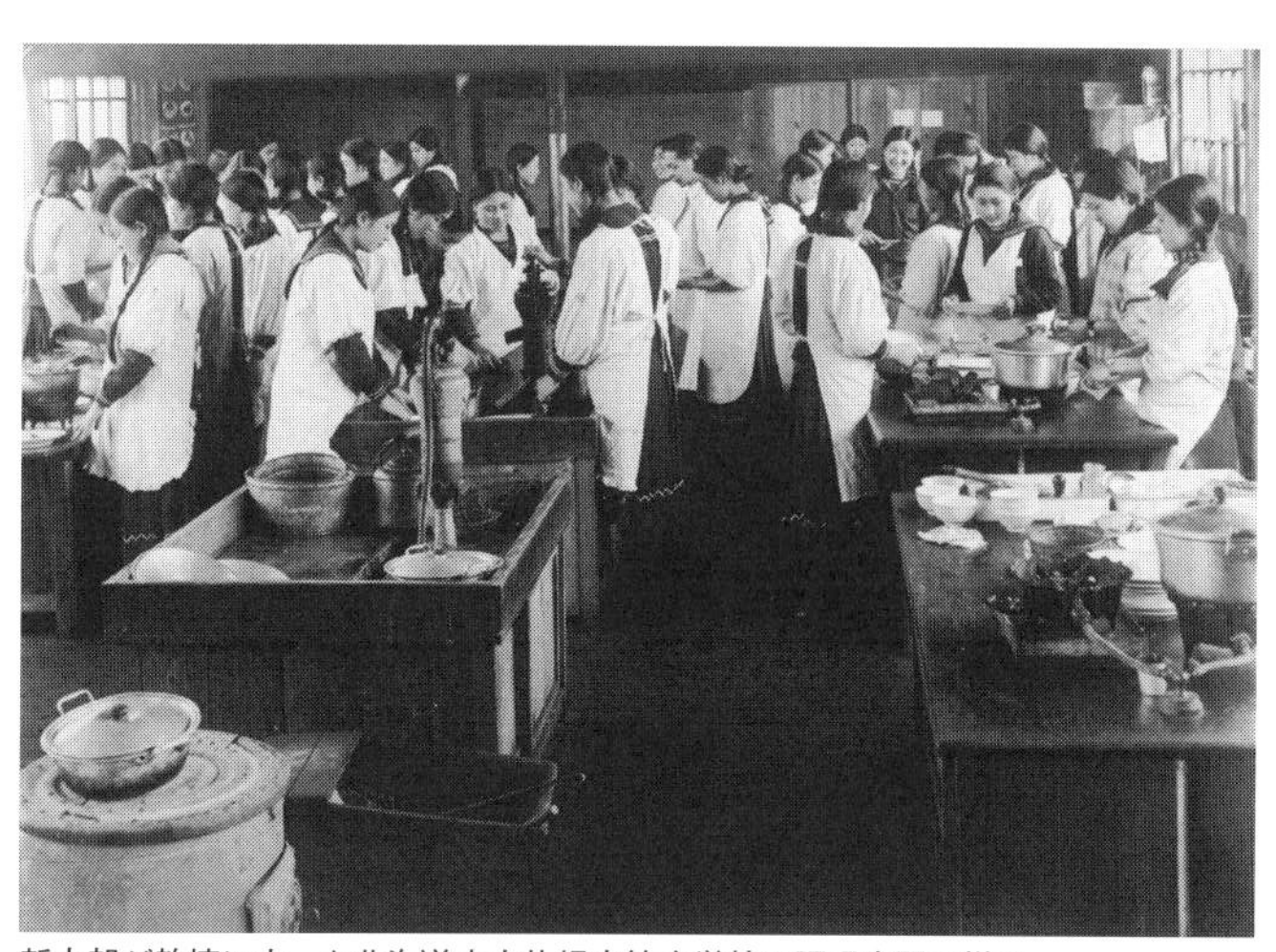
新太郎が教壇に立った北海道庁立札幌高等女学校の調理実習の様子

った。

彼は、異国情緒をただよわせるこの街がすぐに好きになった。

「とうとう来ちゃったなぁ。今日からこの街がぼくの欧州だ」

東京、下町の深川育ち。渡欧して料理の道をきわめたい。その夢はかなえられなかったが、新天地を北海道に求めて津軽海峡を越えた。

上野駅を発ち三十数時間の長旅は、人生第2幕のアペリティフ。そして、この第2幕は、後に北海道民の食生活に大きな影響を与えるオードブルだった……。

北海道の新聞に掲載された新太郎のコラム

家庭講座
廳立札幌高女教諭
鶴岡新太郎

料理の操作　ご注意

料理は形象學に屬するものであるから技術の大切な事は今更申上げるまでもないが然し今後の料理は理論を度外視して成立たなくなる。今迄の料理が他のものと比較して非常に進歩が鈍いと言ふ事はそこに原因していた事である。單に料理と言つても、宴會料理、デパート式料理及び家庭料理の別があつて各々其の内容に異なつた目的をもつている。今回は主として家庭料理を中心としての話であつて先づ料理をする前に考へて戴きたいことは其土地にしかも時季に豐富に與へられているものを時季に適する様に調理すると云ふ事が最も肝要な事である。

第2章

下町のジェントルマン、札幌へ

学校の入り口に立つ新太郎

明治大学法科でフランス文化にふれる

鶴岡学園の創設者、鶴岡新太郎初代理事長は、1886（明治19）年1月5日に、東京府深川区で生まれた。

新太郎の戸籍には、「東京都江東区深川白河町三丁目十番地一」と記載されている。「深川白河」の町名はすでに消滅し、現在は「江東区白河3丁目」という。

この地域はマンションなど高層ビルが並び、都営地下鉄大江戸線と東京メトロ半蔵門線が連絡する「清澄白河駅」もある。人や車で混雑する光景からは、下町風情は感じられない。それでも、少し行くと東京都現代美術館、深川江戸資料館、寛政の改革をおこなった松平定信の墓がある霊巌寺などが点在し、かつての面影を残している。

北海道文教大学外国語学部国際言語学科の中村至教授の調査では、江戸末期の古地図から推して、新太郎の生家は、信濃国上田藩・松平伊賀守抱屋敷跡の近くにあった。けれども、古地図には「鶴岡」の名字は見当たらず、生家があった場所は、まだ特定できていないという。

新太郎が札幌に移り住んだのは32～33歳のころ。どういうわけか、彼は自分の生い立ちや東京での生活をほとんど語らず、〝人生第1幕〟は、ナゾに包まれたままだ。

直筆の履歴書によると、新太郎は1901（明治34）年に文友塾（中等科）に入学し、1904（明治37）年に「明治大學法科」に進んだ。

ところが、文部省（現・文部科学省）による明治時代の官公私立学校の一覧を探しても、この「文友塾」の名は見当たらない。

明治中期ころまでの全国の中学校以上の学校数はそう多くない。したがって、文部省のリストから文友塾が漏れたとは考えにくい。となると、1877（明治10）年に、伊庭想太郎が開いた私塾「文友館」の「館」を「塾」と書き換えた可能性もある。ここには、学習院に通う華族や要人の子弟が多く集まっていたという。伊庭想太郎は、1893（明治26）年に「私立育英黌」から校名を改めた東京農学校（現・東京農業大学）の初代校長を務めており、新太郎が〝中等科〟に進んだ年に、文友館が存在していたか定かではない。だが、中等科という記述、文友館には学習院に通う子弟が通っていたという事実から、新太郎が学習院に通っていたと妄想をふくらませることもできる。

それはさておき、新太郎はこの文友塾を3年で修業し、「明治大學法科」に進んだ。もっとも、大学令による大学設立が認められたのは1920（大正9）年4月。新太郎の履歴書にある「大學」というのは、専門学校令により旧名の明治法律学校から明治大学へと改称されたもので、当時は、修業年数3年以上の規定があった専門学校だった。

明治法律学校は、エリート官僚を輩出していた五大法律学校のうちの1校で、フランス法を教えていた。

日本は、開国と明治維新によって新たな時代を迎えたものの、欧米各国は産業革命の勢いに乗り、とにかく強い。技術・経済・軍事・法律などすべてにおいて、欧米と肩を並べられるだけの国力をつけなければ、日本も他のアジア諸国のように植民地支配を受けかねない状況だった。そこで政府は、東京帝国大学を中心に、私学も利用して人材の育成に力を入れた。ところが、政府はドイツ法、イギリス法を保護するようになる。

フランス法を学んでいた新太郎が、自分の将来に不安を抱いたことは想像に難（かた）くない。彼は「家事の都合」を理由に、明治大学を2年で中退した。

夜明け前の栄養論争

新太郎青年を岐路に立たせた国の方針転換は、政治家や官僚の内部事情を映し、医学の分野でも主義主張のちがいから混乱が生じていた。

イギリス式（高木兼寛＝海軍軍医）VSドイツ式（森林太郎＝小説家・森鷗外＝陸軍軍医）。

イギリスは予防・治療に重きを置く。かたやドイツは病理学に力を入れ、研究を重視していた。政府は、最終的にドイツ医学を擁護した。そして、このことが日本の医学教育や医療現場から「予防医学」という概念を遠ざけてしまう一因となる。

高木兼寛は、当時、患者数が多かった脚気の予防に貢献した軍医だ。脚気は古くからあり、江戸時代には白米を食べていた江戸の人たちのあいだで流行ったことから、「江戸患い」と呼ばれていた。

脚気の原因はビタミンB_1不足。けれども、その原因がわからないまま明治時代を迎え、海軍、陸軍ともに脚気で倒れる兵が続出していた。

イギリスで学んだ高木兼寛は、脚気の原因はタンパク質不足だと考え、海軍兵の食事にパンと肉を中心とする洋食や麦飯を取り入れた。有名な「海軍カレー」も脚気予防の献立として登場している。

その結果、洋食には期待したほどの効果が見られなかったものの、ごはんに混ぜる麦の割合を多くしたところ、脚気にかかる海軍兵が激減した。

これに対して、森林太郎をはじめ伝染病説を唱える東大・陸軍グループは、陸軍の兵食（へいしょく）に白米を使いつづけ、多数の死者を出した。

脚気を予防する栄養素が、米糠（こめぬか）に含まれている新規の栄養素（ビタミンB_1）によるものと結論づけ、世界で最初に論文を書いたのは、高木兼寛ではなく、東京大学の鈴木梅太郎（すずきうめたろう）だった。しかし、予防・治療に強いイギリス式医学を学んだ高木兼寛の着眼点は、的外れではなかった。

いまも語り継がれるこのエピソードは、その後の栄養学の発展に大きな影響を与え、やがて、新太郎の耳にも届くことになる。

法科中退、料理の道へ

新太郎が通学していた明治大学は神田駿河台にあった。現在のJR駅でいえば御茶ノ水駅から歩いて2、3分の場所だ。

この界隈には、東京法学校（法政大学）、専修学校（専修大学）、英吉利法律学校（中央大学）や医学校もあり、高等教育機関が集中していた。

学生が集まれば、当然、書店が増える。世界一の規模を誇る神田神保町の古書店街も、五大法律学校の学生をあてこんだのがはじまりだといわれている。

もとより中央線をはさんだ反対側には、江戸時代の学問所だった「湯島聖堂」があり、すぐそばには、江戸の三大祭りのひとつ、「神田祭」で知られる「神田明神（神田神社）」もある。神田駿河台界隈は文教地区でありながら、集客力の高い商業地区でもあった。

そして、周辺には飲食店も増えた。

明治大学から徒歩20分圏内には、そば屋「神田まつや」「神田錦町　更科」、あんこう鍋屋「いせ源」、うなぎ屋「神田明神下　喜川」、甘味処「天野屋」、夏目漱石も通ったという洋食屋「松栄亭」、日本初の洋菓子店「村上開新堂」など明治時代からの老舗がいまも残る。

家庭の事情で中退したとはいえ、鶴岡家は息子を大学に進学させられるほど余裕があった。一説によると、鶴岡家は地主だったという話もある。裕福な新太郎は大学周辺の書店で本を買い、そば屋や洋食屋で食事を楽しんだ。

神田駿河台から少し足を延ばすと、上野には政府要人も出入りしていたフランス料理の草分け、１８７６（明治９）年創業の「上野精養軒」があり、宮内庁の料理人だった料理長が腕をふるった洋食屋の「ぽん多本家」などもあった。こういう環境ですごし、フランス法を学んでいた新太郎は、ごく自然にフランス料理などの洋食に興味をもつようになった。

中退後は、横浜に住んだ時期もあり、１８７３（明治６）年に開業した「グランド・ホテル」、牛鍋の「荒井屋」、洋菓子の「不二家」、食パンの「ヨコハマベーカリー宇千喜商店（現・ウチキパン）」などでも西洋の食文化にたっぷりふれた。法学を学んでいた新太郎が、料理の世界に針路変更する条件は、十分にそろっていたのだ。

前出の中村至教授は、江戸時代末の古地図から、新太郎の本籍地付近に、「蕎麦」と書かれた一角を見つけ、こう考えた。

「明治時代に法律を学ぶというのは、卒業後にエリートになることです。ですから、親の期待も大きかったにちがいありません。ところが、新太郎先生は学校を中退して料理の世界に進んだ。それは、生家(せいか)の商売が料理関係だったからではないでしょうか」

料理の世界に鞍替(くらが)えした理由は憶測(おくそく)の域(いき)をでないが、新太郎は、洋食の料理技術を学ぼうと海外渡航(とこう)を企(くわだ)てたこともあった。けれども、その夢はかなえられなかった。

「欧州へ行けなくたって、ほかにも道はある」

きもちを切り替えた彼は、次のような作戦にでた。

1916（大正5）年10月5日――1917（大正6）年3月30日
チリー領事館及びドイツ人ハンセン家において調理に従事

1917（大正6）年4月7日――1918（大正7）年12月10日
スペイン公使館及びロシア人アレキサンダ家、フランス人セフエール家において調理に従事

じつは、履歴書には、明治大学を中退してからの10年間が書かれていない。新太郎はどこで何をしていたのだろうか？　中村教授はこう話す。

「お父さまが倒れたか何かで、家業の料理屋を手伝わなければいけなくなったのかもしれません。だから、札幌に移っても、和食を教えることができたのではないでしょうか」

事情はどうあれ、新太郎は東京での暮らしに見切りをつけ、新天地、北海道に人生をかけた。

新たな職は教員・生活改善講習会講師・食糧改良講師

1918（大正7）年、北海道帝国大学が誕生した。その前身となったのはいうまでもなく札幌農学校だ。

翌1919（大正8）年、新太郎は11月3日から北海道庁で働きはじめた。といっても、その立場は内務部勧業課の嘱託。履歴書には1920（大正9）年4月30日までの約半年間とあり、仕事は農事指導だった。さらに、1921（大正10）年夏には生活改善講習会講師、1922（大正11）年秋には食糧改良講師を引き受けている。

新太郎はこの仕事を通じて、初めて北海道の農村部の貧しさを目の当たりにした。ぶっかけ飯（めし）をガツガツ食い、「腹いっぺえだぁ」と喜ぶ人の姿など、彼はそれまで見たことがなかったのだ。

執筆者は不明だが、当時の新太郎のようすを『鶴岡学園　五十年史』から抜粋（ばっすい）する。

第一次世界大戦によって、外国製品が国内から交替したことは、日本の産業の発展に新しい海外市場獲得の好条件を与えると同時に、国内産業を活況のうずに巻きこんだ。

なかでも、道民が北海道の乳業振興に着目したことは、大きな意味を持った。乳牛に着目したとはいえ、乳牛と穀菽（こくしゅく）農業とは、まだ、有機的に結びついたとはいえなかった。そのことは酪農の未熟さを意味している。当時の飼牛牧場は、生乳販売と種付け牛の飼育とを合わせなければ経営が成り立たなかった。その打開策として、酪農経営確立を目指して新しい農業政策が強調されたのである。

この飼牛と畑作農業とを結びつける仲立ちをしたのが、デンマーク農業の輸入であったといえる。

デンマーク農業の輸入に積極的な施策を講じたのは、大正十年道庁長官になった宮尾舜治氏と内務部長服部教一氏であった。

そのころ、道庁の農業振興方針は、デンマーク農業を生産・生活にとり入れることに積極的で、道内の酪農振興に熱心な農家とタイアップしていた。つまり、狭い耕地を輪作経営することにより、更に地力の向上を図ることができるとし、それがひいては生活改善に役立つと考えていた。生活改善はいうまでもなく、衣食住中心の改善であり、それによって健康で明るい生活ができるというのである。

鶴岡新太郎氏は渡道後、北海道帝国大学聴講生として、研究室に通いながら、かねての念願である食品・栄養の研究を深め、宮部金吾博士、高岡熊雄博士、半澤洵博士らに教えをこうた。

道庁は農業振興の補助対策として、へき地農村の食生活改善のため、指導員を物色し、鶴岡新太郎氏に委嘱した。鶴岡新太郎氏は、農家を回り、食生活の悪いのに驚いた。（後略）

こうして北海道で新太郎がカルチャーショックを受けていたころ、東京では彼の新生活に変化をもたらす出来事がおきようとしていた。

「崖下の教会」がつないだ赤い糸

本郷界隈(かいわい)から文士たちが移り住む前の東京・馬込(まごめ)は、田畑が広がるのどかな村だった。武蔵野台地の東端にあたり、少し行くと京浜線が海岸縁を横切っている。このあたりには、明治のおわりごろから詩人や画家が徐々に住みつくようになっていた。

大森駅近くには別荘も建っていた。ミルク色やチョコレート色のペンキを塗った洋風住宅、深川あたりでは見かけることもない赤い屋根や白い屋根。

「新太郎が行きたがった欧州は、こんな街なのかしらねぇ」

清楚(せいそ)な佇(たたず)まいながらも、意匠(いしょう)をこらした洋風の家々が眩(まぶ)しい。鶴岡シゲが日曜礼拝に訪れる教会は木造の平屋で、「崖下の教会」と呼ばれていた。

「お暑うございますねぇ」

礼拝堂で声をかけてきたのは、50がらみの同世代とおぼしきふくよかな女性だった。

「ホントにねえ、こう暑い日がつづいちゃ、お天道さまをうらみたくなっちゃいますよ」

初めて言葉を交わしたふたりの女性は、それからちょくちょく顔を合わせるようになった。

最初のうちは、やれ米が高いだの、ロシアで革命がおきただの、世間話をする程度だったが、そのうち、身の上も話せるほど親しくなった。

聞けば、シゲに声をかけた髙橋リムは、息子の大学進学のために新潟から家族で東京に越してきたという。

「まあ、ずいぶん教育熱心だこと」と、シゲは心の内でつぶやきながら、凛とした気配をただよわせ、いかにも気丈そうなリムに好感を抱いた。そして、自分の息子もかつて明治大学で法律を学んでいたこと、中退して料理の世界に進んだことなどを打ち明けた。

「それで、息子さんはどうなさったの？」

リムに尋ねられて、シゲは決まり悪そうに答えた。

「欧州へ行きたいなんていって、スペイン公使館やチリーの領事館で料理人みたいなことをはじめちゃったんですよ。スペインもチリーもカソリックが多いから馴染やすいとかいっちゃってねぇ。30をすぎたってのに、嫁ももらわないで困ったもんですよ」

「あら、うちの娘もいい年なのに、まだひとりなんですよ。小学校に10年もお勤めしたものですから。主人も中学校で教えておりましたから、親の背を見て育つとは、こういうことをいうんでしょうねぇ」

こういってため息をつくリムを見ながら、シゲはあることを思いついた。

「お宅のお嬢さんとうちの息子、お見合いさせてみたらどうかしら？」

「まぁ、よいお話！　でも、娘は東京にいないんです……」

「はぁ？」

「わたくしの甥（おい）が札幌の銀行に勤めておりまして、北海道は、バターはうまいし、練乳もできるし、新鮮な牛乳もたっぷり飲めて東京よりずっといいなんて、娘に散々（さんざん）いうものだから、そんなにすばらしいところなら住んでみたいといいだして、いまは札幌で暮らしているんですよ」

こう聞かされたシゲは、がっかりするどころか目を輝かせた。

「そんなことでしたら、ますますこの話は進めなくっちゃいけませんね。うちの息子もいま、札幌に住んでるんですよ」

1年後の1920（大正9）1月、シゲとリムのふたりは、紋付き姿で「崖下の教会」にいた。親族だけのささやかな結婚式。新太郎34歳、トシ27歳。当時としては晩婚だ。そしてふたりは、札幌で新婚生活をスタートさせた。

第3章

越後女の誇りに賭けて

越後女の強さを見せた鶴岡トシ

わたしは武士の娘

トシは、1892(明治25)年7月11日に、新潟県西蒲原郡の巻町(現・新潟県新潟市西蒲区巻)で生まれた。

巻町は信濃川と阿賀野川河口に広がる新潟市の西側に位置し、『万葉集』にも登場する彌彦神社や弥彦山にも近い。当時、巻町は西蒲原郡のなかではもっとも世帯数が多く、数百人が暮らしていた。

トシが生まれた当時、父親の髙橋三益は巻町尋常小学校の教員だった。髙橋家は、もともとは長岡藩士だ。NHKの朝ドラ『まんぷく』で好演した松坂慶子のセリフじゃないが、いわばトシは、「わたしは武士の娘」だった。

トシは、父親が勤務していた巻町小学校に入学した。

『鶴岡学園　二十五年史』には、「幼少のころから賢く、数え年4歳で、父三益氏の奉職する巻町小学校1年に入学した」とあるが、数え年は、生まれた年を1歳と数えるので、「数え年4歳」が事実だとすれば、満3歳で入学したことになる。当時の小学1年生は6歳あるいは7歳。ほかの子どもたちより3年も早く入学したのが事実なら、周囲からは「神童」のように思われていたことだろう。

トシは後年、小学校入学の思い出をこう語っている。

「下駄はよほど高い身分の家の子どもしか履かないで、多くの子どもは草履を履いた。わたくしも草履を履いて、女中に連れられて、喜び勇んで1年生に入学しました」

当時の小学校制度は、尋常小学校（4年間）が義務教育で、その後の高等小学校（4年間）は経済的に余裕のある家庭の子どもでなければ進めず、高等科（2年）を併設して修学年数を6年間とする尋常小学校が多かった。けれども、田畑や浜で働く母親に代わり、家事やきょうだいの世話で、尋常小学校にも満足に通えない子どももいた。

こうした教育環境がふつうだった時代に、女中に手を引かれて小学校に通ったというのだから、髙橋家はそこそこの生活を送っていたのだろう。その後、父三益は、新潟県立三条中学校に職場を変えた。

転居にともない、トシは三条高等小学校に進み、4年間通った後、新潟県立新潟高等女学校（以下、新潟高女）に進学した。

この学校は新潟市内にあり、1900（明治33）年に開校した。いまなら三条市と新潟市は新幹線で20分程度だが、当時、鉄道は開通していたものの、蒸気機関車が牽引する鈍行列車では時間がかかり、通学できる距離ではない。トシは、寄宿舎で暮らした。

新潟高女の修業年限は4年間だった。授業は週30時間。トシの得意な科目は図画、音楽、裁縫。とりわけ裁縫が得意だった。

「当時、東京の共立女子専門学校出身の若い女の先生の教え方がきわめて上手で、小学校の時のように家に持ち帰って母に聞き直すとか、し直すということはなく、至れり尽くせり、ていねいに教えられたので、裁縫をすることが楽しくて仕方がなかった。それがわたくしの一生を方向づけたのでしょうね」と、トシはこうふり返っている。

『乙女たちの歩み～新潟の女学校と女学生～』（新潟市歴史博物館編、新潟市歴史博物館刊）には、1927（昭和2）年1月24日から1週間分の献立が紹介されている。これは、新潟高女の同窓会誌『呉竹』12号（昭和2年）を参考にしたものだ。現在の食生活と比較すると、肉・魚、油を使ったおかずが少ない。後年の食習慣から推すと、トシも女学校時代には、このような質素な食生活だったのだろう。

1927(昭和2)年1月24日〜30日1週間分の献立

	朝食	昼食	夕食	間食
月	大根 打豆汁 梅干	焼肉 じゃがいも キャベツ少量	もやし豆 きんぴら	蜜柑
火	ぜんまい汁 からし漬	揚千本 大根煮付	里芋 はらはら漬 汁	塩エンドウ
水	菜粕汁	煮鱈の子	こんにゃく 貝柱	梨
木	豆腐汁 のり	昆布巻	菜麸漬汁 煮豆	焼き芋
金	大根 里芋汁	いり豆腐 人参はらはら	白魚煮付	リンゴ
土	かぶ汁	寿司 菜汁	シチウ	栗ようかん
日	じゃがいも 福神漬	塩引	さつま汁	蜜柑

新米教員、小学校で教える

1908（明治41）年、新潟高女を卒業したトシは、南蒲原郡田上村保明小学校の代用教員に採用された。まだ10代。いまなら高校生1、2年生だ。

ぽっちゃりと丸顔のかわいらしい少女が初めて教壇に立ったとき、どんな思いで子どもたちを見つめたのだろうか。農家の子どもたちばかりが集まる複式学級（2つ以上の学年をひとつにまとめた学級のこと）で、ほかにも男性の教員が何人かいた。

子どもたちは木綿の着物に草履履き。鼻たれ小僧もいれば、クシを通したことがないのか、ボサボサ頭の子もいる。野良仕事でつくった手足のかすり傷を気にするふうもなく、かさぶたをかきむしりながら話を聞いている子もいる。身ぎれいにしている子どもは数えるほど。小さな教室には、邪気のない笑顔があふれていた。

就職の翌年、トシは裁縫の専科正教員の資格を取得し、上学年の裁縫と低学年の学級を担任した。ここでの在職期間は約7年。その後、西蒲原郡矢作小学校に訓導（小学校教員のこと）として赴任した。ここは、彌彦神社や明訓学校に近い。

明訓学校は、１８８２（明治15）年に設立され、１８９６（明治29）年までつづいた私立学校だ。創設者のひとりだった大橋一蔵は、１８８６（明治19）年に「北越殖民社」を創設し、移民団を結成して現在の江別市野幌付近を拓いた。

新潟県から北海道への移住者は少なくない。トシは幼いころから北海道移住者のことを耳にし、転任先でも北越殖民社や大橋一蔵の話を聞かされた。

そして、あるとき、運命を変えるひと言を耳にする。

親戚の集まりで、トシは久しぶりにいとこの村山吉三郎に会った。彼は、札幌の北海道拓殖銀行で働いていた。「北海道には、新潟からもずいぶん移住している」といった話題になり、吉三郎は得意げにいった。

「北海道は、いいところだぞ」

このひと言に触発されたトシは、大胆にも札幌移住を決意する。１９１８（大正７）年のことだった。

「嫁にも行かないで、トシちゃんはなにを考えとるんだ」

と、誰かがため息をつけば、

「一度いい出したら、あとに引かない娘だ、好きにさせたらいいんじゃ」

と、吐き捨てる親戚もいた。

「近ごろの若い娘はどうかしとる。塩原で心中しそこなった平塚らいてうみたいに好き勝手やるようになったら、三益もリムさんもたいへんだぞ」

『青鞜』を創刊した平塚らいてう（1886〜1971）や歌人の与謝野晶子（1878〜1942）らが女性解放運動に奔走していたころのことだ。しかし、周囲の心配はとりこし苦労でおわった。移住の翌々年に、トシは新太郎と結婚したのだ。

夫は高等女学校家事科の先生

移住に際してトシが頼りにした吉三郎は、東北帝国大学農科大学、すなわち旧札幌農学校（後の北海道帝国大学）を卒業した。

吉三郎が就職した北海道拓殖銀行は、1899（明治32）年に、北海道拓殖銀行法により国の肝いりで設立され、農業を中心に融資をおこない、道内はもとより樺太にも支店を出し、北海道で銀行といえば、「拓銀」というほど影響力があった。

1916（大正5）年に就任した3代目の頭取は、奇しくも新太郎が通っていた明治大学の前身、明治法律学校を中退して大蔵省（現・財務省）入りした人物だ。

北海道では、道庁や拓銀勤めといえばエリート中のエリート。学もなく、金もなく、ひたいに汗して働くばかりだった労働者階級は、畏怖と羨望と嘲りがまじる複雑な感情で、エリートたちをながめていた。

トシと新太郎もエリート階級だったが、偉ぶるところがまったくなかった。それどころか、北海道での生活改善指導の仕事を通じて初めて貧困社会の実情を知った新太郎は、新婚の妻を巻き込んで、食生活改善のための指導者育成という壮大な夢を追いかけはじめた。

ふたりがともにキリスト教を信仰していたことも、結婚後の歩みに影響したのだろう。


ふたりが結婚式をあげた翌々月の3月、株価が大暴落した。第1次世界大戦（1914〜1918年）後の好景気から一転して、世間は戦後恐慌の嵐にさらされてしまう。日本の主要な輸出品だった生糸や綿糸の価格は暴落し、関連企業や銀行が経営破綻したばかりか、全国の養蚕農家や問屋なども窮地におちいった。

ジャガイモ、タマネギ、雑穀……、道内の農家も農産物の価格低下に直面し、生産量を減らさざるを得ない農家が続出した。

新太郎は生活改善の指導員を引き受けるいっぽうで、正確な時期は不明だが、北海道庁立札幌高等女学校（以下、札幌高女）の家事科教員に就いた。皮肉なことに、働き口を見つけられたのは、庶民を苦しめていた不況のおかげだった。

第1次世界大戦に参戦した日本は、戦争特需で潤った。ところが急激なインフレで、1918（大正7）年には、わずか半年で米価が2倍にはね上がった。これが原因で、7月には富山県で女性たちが立ち上がり、「米騒動」が全国的に広がっていく。インフレ、株価の暴落……、札幌高女では、安月給では生活できないと辞めていく教員が出るようになった。そのため、欠員が出てしまい、新太郎は家事科で唯一の男性教員として迎えられることになったのである。

主婦・助手・講師の3役で内助の功

結婚後の鶴岡夫妻は、札幌中心部に近い西屯田通りに新居をかまえた。周辺には木造の家屋が並び、通り沿いには1階に八百屋や米屋、小間物屋、薬屋などの店舗を構える2階建ての長屋もあった。

南の方角をあおげば藻岩山（もいわやま）、西の方角には円山（まるやま）、その右手奥には大倉山（おおくらやま）。小さな山々の背後には手稲山（ていねやま）が横たわり、夕暮れどきには山々の稜線（りょうせん）に沿い、美しいシルエットが浮かび上がる。その風景は、トシに弥彦（やひこ）山脈の連なりを思い出させた。さみしいこともあったが、札幌での暮らしは、なにもかもが刺激的だった。

遅い春を迎えて桜が散ると、家々の庭先でライラックやアカシア（正式名ニセアカシア）が花を咲かせて、甘い香りに包まれる。

夏は現在ほど気温が上がらず、そよ風が心地よかった。秋の訪れや初雪が早いのには少々驚かされたが、それだって、美しい雪景色を迎える序章。雪の多さにはさすがに閉口（へいこう）させられたものの、冬になると日本海側にある新潟の空は重苦しいばかりで、心が塞（ふさ）ぐ。それに比べて札幌の冬はどこかロマンチックだった。

トシは家事をしながら、夫の仕事を支え、料理・栄養の講習会では、助手を務（つと）め、時には講師も引き受けた。

そうかと思えば、新太郎が北大の研究室に通いはじめると、自らも分厚いテキストを広げて知識を深めた。ふたりとも、学ぶことには貪欲だった。

「半澤教授は納豆菌の研究をなさっている。納豆のネバネバは、納豆菌がつくるんだ。菌類学はほんとうに面白いなぁ」

北大の半澤洵教授は、バイオテクノロジーの草分け的存在で、納豆から抽出した納豆菌を純粋培養する方法を考案。「半澤式納豆」と記された納豆が製造販売され、「大学納豆」と呼ばれて親しまれた。

しかし、新太郎に納豆菌の話をされても、文系のトシは自然科学の話題にはついていけない。夫の仕事を手伝っている以上、「わからない、興味もない」というのでは恥ずかしい。

「武士の娘」といえども、新潟から札幌に移ったころのトシは、いってみれば田舎娘だ。ところが、負けん気は強い。東京出身で都会の洗練を身につけた新太郎と結婚して、自分の野暮ったさに気づき、夫にふさわしい妻になろうと必死だった。

トシは、なんでも一番でなければ気がすまない質だった。それは終生変わらず、飛行機に搭乗するときでさえ、一番前の座席に座りたいがために、朝4時に起きて千歳空港に向かい、一番乗りで搭乗手続をすませたというエピソードがあるくらいだ。

いっぽうの新太郎は進取の気性に富み、興味のあることにはとことんのめり込む凝り性だった。それに加えて、食べるもの、身につけるもの、趣味のスキーや登山道具など、なんでも一流を好んだ。半面、正義感が強く、生活指導や料理講習で出張するたびに、農村の貧しい暮らしぶりに心を痛める。彼は、まるで中世ヨーロッパの騎士のようだった。

「麦飯にみそ汁をぶっかけて、それが晩飯だなんていうんだよ。みそ汁といったって、凍ってペタペタになった大根葉が、ほんのちょっとしか入ってない。馬鈴薯やカボチャばかり食べている人たちだっている。気の毒で見ていられません」

新太郎は出張から戻るたびに、こんな話をトシに聞かせた。当時、小樽や札幌郊外の定山渓温泉くらいしか出かけたことがなかったトシは、

「農家では、鶏や豚を飼っていないんですか?」と相づちを打つのが精いっぱいで、

「鶏がいるったって、せいぜい10羽くらいだ。肉が食いたくなって1羽つぶしちゃうと卵がとれなくなる。だから、たまにしか鶏肉は食えないんだよ」と教われば、

「川に魚はいないんですか?　秋になればサケもたくさん上ってくるじゃないですか。アイヌは、そうやってタンパク源を確保してきたのでしょう?」と、知っているかぎりの情報を総動員させて、博学な夫の話を追いかけた。

しかし、トシの知らないことは山ほどあった。秋サケにしても川を遡上してくる時期なら手づかみでとることができても、収穫期の畑仕事をそっちのけにはできない。そもそも、サケが上ってこない川もあり、先住のアイヌの人々は、食糧を調達しやすい場所で暮らしてきた。明治政府はそこからアイヌの人々を追い出し、和人（アイヌ以外の日本人）を入植させた。ところが開拓は道内各地におよび、開拓者の移住先は好条件の土地ばかりとはいえなかった。

「入植者は、麦飯だろうがなんだろうが、米とみそ汁を食っていれば、なんとか生きていけると思ってる。まあ、そう思って辛抱するしかないんだが、あんなにかたよった食事が、健康によいはずないでしょう。だいたい、美味しくないんですから」

美食家の新太郎には栄養問題もさることながら、たんに食材を焼いたり煮たりするだけの料理が、どうにも納得できなかった。

「北海道に来て、ぼくは初めて貧しい人の食生活というものを知ったんですよ。上野駅の近くや四谷の学習院の近くにも貧民窟があって、残飯しか食えない貧民がおおぜいいる。まあ、ぼくらが行くようなところではないから、直接見たことはないんですけどね」

残飯など犬や豚に与えるものだと思っていたトシもさすがに驚き、「残飯ですか⁉」と聞き返した。

「そうですよ。残飯屋というのがいて、士官学校なんかの食べ残しを手に入れて、それを貧民窟で売るんです。もちろん安いですよ、買うのは土工や人力車をひいてる人たちですから、給金が安くて金がない。それと比べれば、開拓農家の人はましかもしれません」

「でも、北海道は冬が長いじゃありませんか。薪はいくらでもあるから暖はとれても、まともなお食事ができないだなんて、きもちまで凍えてしまいそう……」

「そこなんですよ、トシさん。内地で食えなくてこっちに来たっていうのに、想像を絶するほどのきびしさだった。あの人たちが、麦飯にみそ汁と漬けものがあれば生きていけると思うのもむりはない。麦は栄養価が高いですよ。でも、タンパク源のおかずが足らない。そんなことだから栄養が悪くて、腸チフスやスペイン風邪なんかで、あっさり死んでしまうんです。あの人たちには、栄養や料理のことを教えられる人がいなくちゃいけない。その指導者を育てたいと思っています」

温めたミルクを飲みながら、トシは夫の熱弁に耳を傾けていた。だるまストーブの上で、やかんがシュンシュンと湯気を立てていた。

自分たちがこうしているあいだも、空腹と寒さに耐えながら朝を待つ人たちがいる。布団も凍ってしまうほど粗末な家に住んでいる人たちもいると聞いた。いまだに電気が引かれていない地域もあるという。ランプで暮らしているのだろうか？　子どもたちはどうしているのだろう……。至福のひと時に感謝しながら、トシは後ろめたさを感じた。

窓の外では、雪がしんしんと降っていた。トシは聖書を開いた……。

新太郎、初の料理本を出版

新太郎が勤務していた札幌高女には、札幌を中心に、道内各地から裕福な家庭の子女が集まっていた。

家事科で調理を担当した新太郎は、料理研究に熱を入れた。

鶴岡学園の「鶴岡先生史料室」には、京都にある懐石料理の老舗「辻留」の2代目、辻嘉一（1907〜1988）の著書『辻留　庖丁控』（婦人画報社刊）や、料理研究家田村魚菜（1914〜1991）の著書『材料別　料理事典』（新樹社刊）などとともに、『西洋料理法』が展示されている。著者は「宮内省大膳寮厨司長　秋山徳蔵」。

秋山徳蔵は、これまで3度もテレビドラマ化された『天皇の料理番』（杉森久英著）の主人公だ。大正天皇、昭和天皇の料理番として活躍し、1300以上ものレシピを考案したといわれている。

秋山は1888（明治21）年生まれ。新太郎とは2歳ちがいだ。故郷の福井で高等小学校を卒業すると、16歳で上京。華族会館（現・霞会館）での見習い料理人修業を皮切りに、駐日ブラジル公使館や築地精養軒で働き、1909（明治42）年にフランスへ私費で渡り、1913（大正2）年から宮内省で腕をふるった。新太郎は、秋山を手本にチリ領事館やスペイン公使館で働いたのだろうか。あるいは顔見知りだったのかもしれないが、展示されている本の傷み具合から、新太郎が秋山の『西洋料理法』を愛読したようすがうかがえる。

秋山は『西洋料理法』とは別に、1600ページの『仏蘭西料理全書』を1923（大正12）年に出版し、そのレシピは、現在も宮内庁大膳課で使われているという。奇しくも、この本が出版されたのと同じ年に、新太郎は初めて料理本を上梓した。タイトルは、『和洋新家庭料理』。日本女子割烹講習会から出版された。

新太郎はこの本を札幌高女で料理の教科書として使い、道内各地でおこなっていた料理講習会でも利用した。本の序文は、北大の恩師、半澤洵教授が寄せている。

『和洋新家庭料理』序文

それ食の事は生活の基であり、寸時も等閑に附すべきでない、就中(なかんずく)調理の方法は食物の摂取と密接の関係を有するがために、吾人の保健上極めて重要な事項である。

知人鶴岡新太郎氏　多年料理の方法を講究せられ、優秀なる技術を以て、高等女学校並に各種の講習会に於て、実地指導の任に当られ、又、北海道庁より食料改良講師として北海道全道を旅行し料理法の普及並にその改良に尽瘁(じんすい)せられ、大に斯界(しかい)のために貢献せられた。

今回和洋新家庭料理なる一小冊子を編纂(へんさん)せられ、これを上梓(じょうし)されんとして居る、その内容の実際的で且つ経済的であることは、既刊の書籍と比すべきでない。殊(こと)に料理用語を蒐(しゅう)集(しゅう)しあるが如きは各家庭の主婦は勿論、一般人士を裨益(ひえき)する処蓋(ところけだ)し鮮少でないと信ずる。これ本書を広く世に推奨する所以(ゆえん)である。

大正十二年九月　　　半澤　洵　識

『和洋新家庭料理』の出版から4年後の1927（昭和2）年に、新太郎は2冊目となる『カード式家庭料理法（全）』を日本女子割烹講習会から出版した。つづいて1929（昭和4）年には、『料理教科書（西洋料理編）』を目黒書店から出している。

さらに、1930（昭和5）年、『現代料理教本』を東京開成館から出版した。東京開成館は東京・小石川にあった出版社だ。教科書の編集をおこなっていたようで、この本も女子師範学校と高等女学校向けに上梓したものだった。

展示室には、新聞の切り抜きも展示されている。『和洋新家庭料理』の出版から2年さかのぼるが、「大正10年11月掲載」という書き込みがある切り抜きは、12月4～6日に、宮崎県宮崎市で開催予定の家庭料理講習会の広告で、講演会の主催は中國新聞、講師は新太郎だった。

彼は、招かれるとどこへでも出かけ、料理指導をおこなった。

そのいっぽうで、料理研究のために、職場や北大の親しい人たちを誘い、食べ歩いた。有合亭（ありあいてい）、豊平館（ほうへいかん）食堂、札幌狸小路（たぬきこうじ）ビヤホール、松島屋パーラー、札幌グランドホテル、万福堂、百留屋（ひゃくとめや）など札幌市内の店は片っ端から入った。そうして、

「このソースは、塩辛いと思いませんか？」

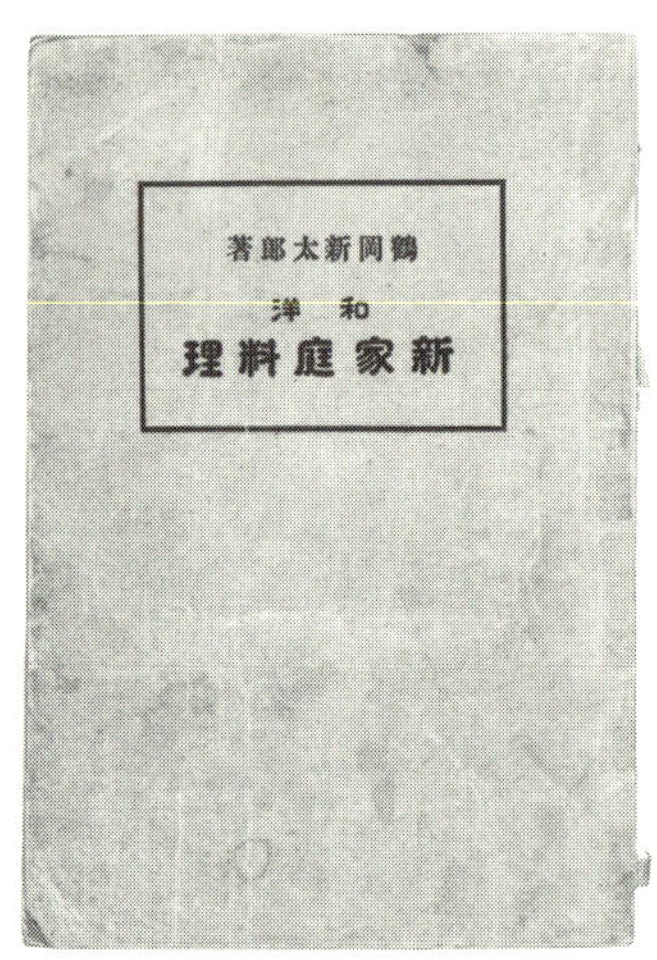

新太郎の料理本は、誰にでもわかりやすく、実用的と評判だった

「付け合わせは、ピクルスなんかじゃなくて、クレードルのホワイトアスパラ缶詰なんかを使ったほうがいいですね」

などと周囲に感想を求めたり、自分のコメントをはさんだりして、食事の席は官能評価試験のようになった。

日中は高女で教えるか、泊まりがけの地方出張。夜は北大の研究室にいるか、飲食店でディスカッション。新太郎には、家庭をかえりみる余裕がなくなっていた。

長男、輝夫死す

1920（大正9）年に結婚した夫妻のあいだには、男の子がひとりいた。名を輝夫（てるお）という。だが、一粒種の輝夫は5歳のときに急性疾患で、突然、命を落とした。

インフルエンザかチフスにでもやられたのだろうか。あるいは、風邪をこじらせて肺炎にかかったのかもしれない。いずれにしても、体力のない幼い子どもには、命にかかわる。

「もっと、早く気づいてあげられれば……」

道民の健康を願い、食事改善や生活向上のために奔走（ほんそう）してきた新太郎とトシの悲しみや後悔は察するに余りある。この出来事のあと、ふたりのあいだに子どもはできなかった。子どもを亡くした年のクリスマスに、トシは新聞社の取材を受けた。以下に記事の内容を転記する。

純な子供達の爲に愛の集りを開く

鶴岡氏夫人

札幌山鼻西屯田に住まわれる鶴岡新太郎氏は、割烹に深い研究を遂げられた方で現に北海道廳嘱託として食糧に関する知識の啓潑に貢献してゐられる外市立高女の割烹嘱託講師で尚本誌家庭顧問部の食品顧問の一人であられます、夫人利子様は信仰厚いクリスチャンで親しみ易い方ですがこの御家庭に美しい而も悲しい挿話があります、といふのは夫人には輝夫さん（五つ）という夫は悧潑な只一粒種の坊ちゃんがあつたのですが今春五月突然急性の疾患でその愛児を奪はれて了つたのです――あれ以来は陽が暗くなった様な氣がすると申されるのも御無理のないことでしたが後間もなく御夫婦の希望で日曜には御宅を開放して附近の子供達を集めて共に遊んでやられるのです『私が教會から帰るのを待ち兼て大勢集まつてゐます　晝食を摂る暇のない事も度々あります　二組に分けて年長の者が年少の方をいたはつて足を拭つたりして室内へ通します、お話や賛美歌をおわつて一時間位で楽しく帰宅しますがこの時間が私共にとつて實に何よりも楽しいのでございます』と夫人は語られます、外に一人の助手が毎日通勤しますが生徒は五十人程でどの日も欠かさず訪れるさうです、御夫婦はそろそろクリスマスの贈り物で小さい人達をどう喜ばそうかと苦心してをられる様子でした　（一記者）

後年、札幌市郊外に北海道栄養短期大学附属幼稚園が開園すると、トシは短大での朝礼後に必ず幼稚園に寄り、子どもたちのようすを眺めるのを日課にした。

「幼稚園の子どもたちを見ていると、イヤなこともみんな忘れるのよ」

短大卒業と同時に鶴岡学園に就職し、長年、財務を担当してきた浅見晴江事務局長（財務部長兼任／鶴岡学園理事）は、トシのこんな言葉をおぼえている。

「鶴岡学園の事務局が中央区南3条西7丁目にあったころ、わたしは結婚して子どもを育てながら勤めていました。定時に帰れたことがあまりなくて、長男の面倒を見てくれていた姑が、夕方になると、わたしに会わせるために長男を事務局まで連れて来てくれました。昭和48年に生まれたのですが、その長男が4歳ぐらいになると、鶴岡先生はお亡くな

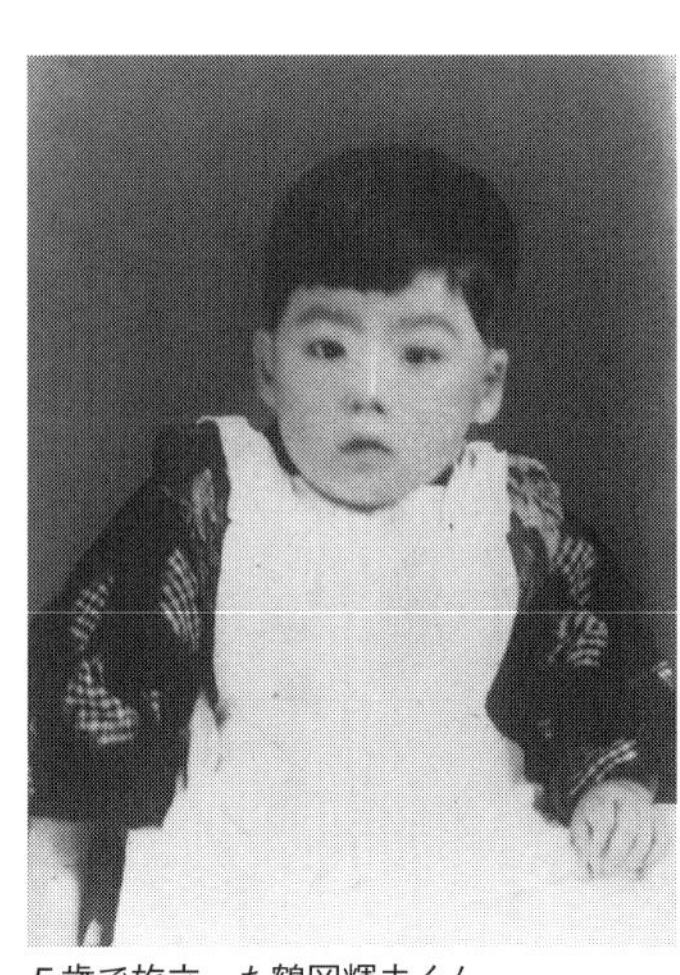
5歳で旅立った鶴岡輝夫くん

りになったご自分のお子さんと重なったのか、長男をすごく可愛がってくださったんですよ。鶴岡先生は、わたしから声をおかけするなんてできなかったくらい偉大な存在でしたが」

あるとき、トシは浅見の長男にこう話しかけた。

「あなた、ちょっと手を見せなさい」

紺色のスーツを着た恰幅（かっぷく）のよいトシにいきなり声をかけられた長男は、おずおずと手を出した。

「まあ、もみじのようなお手々だこと！」

小さな手を愛（いと）おしそうに見つめたトシは、それからふっと笑みを浮かべた。

「あなたは頭のいい子で、将来はなにか手を使う職業になりますよ」

それ以来トシは、浅見と顔を合わせるたびに、「ぼく、元気でいますか？　子どもは大事にしなさいよ」と、声をかけた。

トシは、甥のひとりを養子に迎えようとした時期もあった。結局、その願いはかなわなかったが、持ち歩いていた甥の写真を親しい周囲に見せては、「あの子にほんとうによく似ているんですよ」と、目を細めた。

輝夫について、トシは多くを語ろうとしなかった。けれども、息子の面影が色あせることはなかった。

大凶作に背中をおされて

1928（昭和3）年、トシは正月早々から3カ月の滞在予定で千葉県に向かった。日本三育女学院聖書科（現・三育学院大学）でキリスト教を学ぶためだ。一家の主婦が長期にわたって家を空けるなど、現在でもそう容易なことではない。新太郎は、よくぞ許したものである。

トシはすでに35歳だった。当時は高齢出産といわれる年齢だ。ふたりめができれば、少しはなぐさめになったかもしれないが、トシには近所の子どもたちを相手にすることしかできなかった。子どもの無邪気さにいやされながらも、輝夫の笑顔が重なってしまう。

「故郷を離れたさみしさは、聖書といけばなでまぎらわせていた」と後に語っていることから、トシはどんなときもキリスト教を心のよりどころにしていたようだ。別居してまでキリスト教にのめり込んだのも、そうせざるを得ないほど苦しんでいたからだろう。そして、夫婦のあいだには、互いにひとりの時間が必要だった……。

この年は、昭和天皇即位大礼(そくいたいれい)でわいた1年になった。

京都では、「大礼記念京都博覧会」が開催され、アジア初のロボット「學天則(がくてんそく)」が登場。昭和の一家団らんを象徴するちゃぶ台もこのころから普及し、浦上商店(現・ハウス食品株式会社)から粉末の「ハウスカレー」、麒麟麦酒(きりんびーる)(現・キリン株式会社)からは、人工着色料不使用の「キリンレモン」が誕生している。

女性の社会進出も進み、東京上野で開催された御大礼記念国産振興博覧会の髙島屋呉服店の陳列場には、商品の宣伝・販売をおこなう着物姿のマネキン・ガールも登場した。

だが、1929(昭和4)年になると、世情は一転する。ニューヨーク市場の株価が大暴落。これが引き金となり、世界は大恐慌の渦に巻き込まれていった。

日本も打撃を受けた。

幸い、１９３１（昭和６）年に高橋是清が蔵相に就任し、一時的に景気は回復する。しかし、それも長くはつづかず、９月には関東軍の暴走で満洲事変が勃発。いっぽう、ヨーロッパではドイツのヒトラー率いるナチスが台頭していた。

同じ年、北海道と東北の農家では、国際情勢以上に深刻な問題がおきてしまう。低温と日照不足がつづき、大凶作におちいったのである。

北海道内では、収穫ゼロの農家約１万戸を含めて15万戸以上の農家が被害を受けた。収穫量は平年に対して、米が約38%、畑作物が約56%まで減少。これに追い打ちをかけて翌１９３２（昭和７）年も冷害・水害で凶作。さらに、１９３４（昭和９）年から１９３６（昭和11）年まで凶作がつづいた。

農家は収入もなければ、食べるものもなく、生のニンジンや大根を弁当箱につめて登校する児童もいて栄養失調が続出。娘を売り飛ばす農家もあらわれた。

「ひどい、ひどすぎる。早く手を打たないと、結核患者も激増してしまいますよ」

新聞で窮状が伝えられるたびに、新太郎は憤慨した。

「なんとか助けてあげられないものでしょうか？」

「残念ながら、ぼくたちができるのは、調理のできる栄養の指導者を養成することぐらいでしょう。タンポポやツクシだって食べられるんです。ですが、そういう野草に何を組み合わせて食べれば健康の足しになるのか、ふつうは知りませんからね」

この北海道にも、栄養士養成学校を開校させなければいけない。それができるのは、北大や道庁に人脈をもち、道内各地の高等女学校で家事科教員として教えてきた自分と、裁縫、華道、茶道を教えられるトシしかいない。新太郎は、食生活の指導者養成の思いをますます強めていった。

学校開設を考えてのことだったのか、このころになると、彼は「文部省主催公民教育講習会」を受講したり、以前から出入りしていた北大の農学部農芸化学教室に通い、半澤洵教授のもとで再び発酵学を学んだりした。それでも飽き足らず、高橋榮治(たかはしえいじ)教授のもとで食品化学も勉強した。いずれも、現在の栄養士養成課程でも学ぶ分野だ。

いっぽうのトシにしても思いはいっしょだった。

幸運なことに、トシは1937(昭和12)年3月に私立成徳女学校(現・学校法人成徳学園せいとく介護こども福祉専門学校)家事科教員として招聘(しょうへい)された。小学校教員の経歴はあるが、現場を離れてから久しく、中等教育の現場も知らない。トシには打ってつけの再就職先だった。この学校は、西本願寺札幌別院によって1917(大正6)年に設立された私立成

新太郎が戦前につくった調理器具や食材、料理の解説書。
切り貼りしたイラストや写真を多用し、いま見ても楽しい資料だ

美女学校が前身だ。トシが教員になった当時、裁縫、いけばな、茶道、調理などを教えていた。

トシは、女学校時代から華道と茶道を習っていた。成徳女学校の教員になったのと同時期には、池坊宗家の教授職の資格を取得し、翌年には道内で唯一、大日本総会頭職の資格も与えられた。さらに、1939（昭和14）年には生花蘊奥別伝を授与され、弟子を養成するための最高位についた。

池坊と並行して小原流も学び、1937（昭和12）年には、小原流家元小原光雲宗匠より家元教授の免状も与えられた。

しかし、こうした資格を携えていざ教壇に立ったものの、トシが採用された当時、西本願寺札幌別院が運営していた成徳女学校は経営難に直面していた。老朽化した施設や設備が経営難の一因と知ったトシは、建物の改修や設備修理のために2000円を寄付した。現在の1000万円かそれ以上に相当する多額の寄付だ。それでも学校の運営資金は足りないという。トシにはそれが解せず、1940（昭和15）年、成徳女学校を去った。

第4章

誕生、戦時下の栄養学校

1947（昭和22）年頃の北海道栄養学校校舎（名称変更後）

1942年、北海道女子栄養学校創立

トシが成徳女学校を辞めた1940（昭和15）年の7月6日、商工・農林省令「奢侈品等製造販賣制限規則」が発布され、7日に施行された。7月7日に施行されたことから「七・七禁令」と呼ばれ、貴金属、装飾品、高級衣料、さらには食料品まで規制の対象となり、製造販売が禁じられた。

1937（昭和12）年7月に日中戦争の引き金となった盧溝橋事件がおき、翌年4月には国家総動員法が公布された。

「料理に公定値」と見出しがついた『北海タイムス年鑑昭和16年版』の318ページにこんな記事が掲載されている。以下、引用する。

商工省の奢侈品等製造販賣制限規則により、道廳経済保安課ではいよ〳〵舌の七・七禁令を決定昭和十五年九月一日から實施した、即ち貸座敷、割烹、料理屋、飲食店、カフエー、喫茶店、食堂、宿屋業等およそ客に料理を出し飲食物を提供するところでは従来區々

で無制限、高値であつた料理、飲食物を先づ一品とか一皿、一丼と規格し、最高一圓以上のものはつくつて売られないこと、ランチも同様で、ランチにつきもののフルーツ、コーヒーは別にフルーツ代とかコーヒー代とか取ることが出来なくなつた、それから一人についての料理は最高朝食（午前零時から同十一時迄）一圓、晝食（午前十一時から午後四時迄）二圓、夕食（午後四時から同十二時迄）三圓五十銭と制限された、これによつて夜の宴會などは一人料理代三圓五十銭の他に酒代と藝者の線香代を別に出さなければならないので、今後は一人二十圓、三十圓の豪勢贅澤な宴會は絶對に開かれない、高いものの王座であつたフルーツは最高五十銭、お通しは十銭以内と決定、次に食べものは壽司は十銭と五銭の二種、天ぷらは魚もの二十銭、野菜もの十銭、おでんは魚もの十銭、野菜もの五銭、それからチツプは宿屋、飲食店では最高一割、カフエーでは最高一割五分と決定、従つて以上の値段を越えて賣ったりチツプを規定以上請求すると臨時措置法により直に違反として検擧、その罰則は五千圓以下の罰金若しくは一箇年以内の懲役に處される外、行政處分として營業停止處分に附すといふ厳しいものである

1941（昭和16）年12月8日、日本軍はハワイの真珠湾を攻撃、日米が開戦した。

年が明けると、新太郎とトシは、ついに「北海道女子栄養学校」の設立を北海道庁に願い出た。しかし、時期が悪かった。道庁の担当係は、「今は、それどころではない」と取り付く島もない。それでもふたりはあきらめなかった。何度も夫婦で道庁に出向き、栄養学校の必要性を説いた。

「こんなご時世だからこそ、道民には栄養指導が大事なのです。栄養のあるものを正しく食べて、体力があってこそ戦勝もあげられるのです」

新太郎が熱弁をふるう脇で、トシがうなずく。追い返されても、冷たくあしらわれても、ふたりはしぶとく足を運んだ。

1942(昭和17)年2月、ようやく設置申請書の提出が許された。申請書の設立者名と校長名の欄には「鶴岡トシ」と書いた。新太郎が就くはずだったが、彼に辞められては後がいないと、勤務先の江原玄治郎校長が辞表を受け取らなかったのだ。

北海道文教大学に残る申請書には、こんな一文が記されている。

「今や帝国ノ使命タル東亜民族ヲ指導シ大東亜共栄圏ヲ確立シ、世界平和ニ寄与セントスルノ秋、食糧栄養ニ関スル知識技能ヲ修得シテ益々国民体位ノ向上進展ヲ図リ以テ国力充実ノ根基ヲ培フハ喫緊ノ事タル」

「国民が健康でなければ、戦争には勝てない」と訴えた新太郎の巧みなプレゼンテーションが功を奏して、申請から4カ月後の6月8日、戸塚九一郎(とつかくいちろう)北海道庁長官の名前で設立を認める書類が届いた。

校舎は、大正時代に札幌市電が開通するまで「石山通(いしやまどおり)」で運行されていた馬車鉄道会社の建物を借りた。93坪、木造一部3階建て。1階に事務所と調理実習室、2階に教室を配置した。狸小路まで数分の場所にあり、市電の停留所にも近かった。

トシ49歳、新太郎56歳。フランス料理にたとえるなら、アペリティフ(食前酒)、オードブル(前菜)につづくアントレ(主菜)が、ようやく夫妻のテーブルに給仕された。

開学30年を記念して鶴岡学園が発行した『女子教育と寒地栄養研究の先覚者　鶴岡トシ』には、学校新設の苦労がしのばれる記述があり、以下に転載する。

栄養学校新設に障害と問題が多かったのは、国民の栄養についての知識・技能の向上は必要であることはわかっていても、各種学校として戦局多難のときに経営できるかという

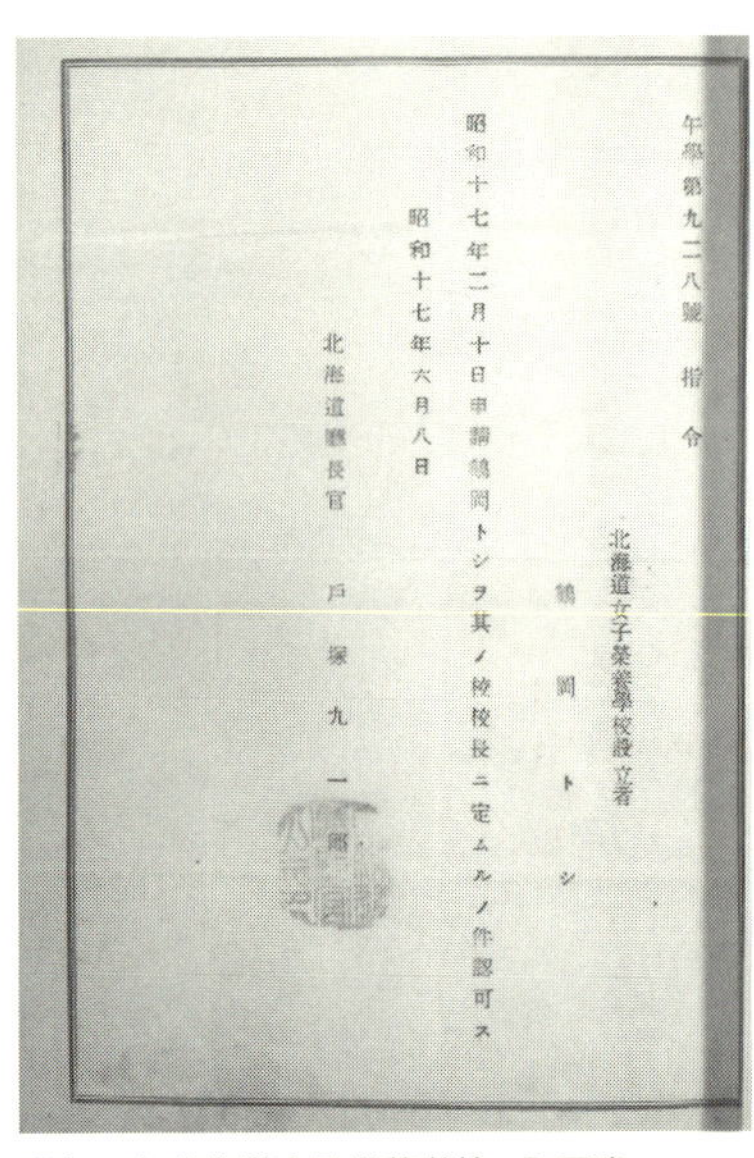
午學第九二八號 指令

北海道女子栄養學校設立者
鶴岡トシ

昭和十七年二月十日申請鶴岡トシヲ其ノ校校長ニ定ムルノ件認可ス

昭和十七年六月八日

北海道廳長官 戸塚九一郎

昭和17年北海道女子栄養学校　認可書

不安が強かったことと、道庁は行政指導の立場から、昭和十六年までは各種学校の新設を認めてきたが、十七年から新設どころか廃止の方向にあったことなどがあげられる。

鶴岡新太郎氏は、この栄養学校の経営に直接参加するため、庁立札幌高等女学校の教師（教諭心得）を辞任させてほしいと、江原玄治郎校長に申し出たところ、校長は認めないといい、途方にくれる始末であった。何しろ家事科教員は払底していたから、鶴岡新太郎氏は、庁立札幌高等女学校のほか、小樽高等女学校、江別高等女学校、庁立旭川高等女学校、旭川市立高等女学校の五校をかけ持ちして教えていた。もし、この辞任を認めれば、自校はもちろんのこと、他校にも及ぶことを江原校長は百も承知だったのである。

幸いに、半澤洵教授は、かつて北大の研究室で教えた師弟関係から、栄養学校の教授には、積極的に支援を惜しまず、多くの教師をあっせんしてもらい、また、江原校長の高配で、庁立札幌高等女学校の先生方の協力を得て、管理、指導両面とも順調に体制ができ、昭和十七年六月、札幌市南三条西七丁目に校舎を新設して、北海道女子栄養学校を開校した。

北海道女子栄養学校の創設前後のエピソードが『鶴岡学園　五十年史』にあり、以下に大滝与三郎（おおたきよさぶろう）氏の手記を転載する。

生い立ちの頃

道立上砂川高等学校長　大滝　与三郎

「カラー写真入りの料理教科書を発行したい。」

鶴岡先生は口ぐせのようにこうおっしゃっていた。昭和十四年というと、太平洋戦争が始まろうとする時代のことである。相つぐ支那事変で物はなくなり、金欠病で生活は苦しく、「代用品」「スフ」などという新しい言葉が流行して来た。国中の人々が生活難、食糧難で苦しんでいた時代である。

こんな苦難の時代でも鶴岡先生の希望はますます大きくなり、理想はますます高く燃えさかっていった。その頃、白黒のフィルムでもなかなか手に入らなかったが、私は担任の生徒の思い出を残してあげようと、写真をやっていたので、「わしは本文をかくから、あんたは皿に盛った料理を撮ってほしいんだ。」と頼りにしていてくれた。しかし、教科書を手がけないうちに、更にグンと飛躍する時が来た。お弁当にだんだんカボチャやイモや豆が入るようになり、食生活は一だんと苦しくなり、国民の栄養状態は日ましに悪化していった。

その頃、日本で唯一つ、東京に佐伯栄養学校*があった。

「栄養学校をつくろう。」

今にして想えば、鶴岡先生の卓越した先見の明によるものであったが、その志を貫くために江原先生にお話を打ち明けられ、着々とその準備がすすめられた。「君、一寸いって書類を手伝ってあげてくれ。」と江原先生の命をうけて、夕方から自転車で南三・西六の栄養学校事務室に通った。書類を清書するだけかと思ったら、いろんな書類を創作しなければならない。殊に一般会計収支予算書など、何べんも書きなおしてつくった記憶がある。

百年戦争を勝ちぬくためには、国民が栄養不良になってはならない。これはその頃の至上命令であった。工場でも病院でも役所でも、食糧難を何とかして合理的方法で切りぬけ、栄養を確保しなければならない。町でも農村でも栄養指導が本格的になって、道庁でも栄養士が極めて重宝なものになり、本腰を入れるようになった。その最も適切な時期に栄養学校が創設され、許可されたのである。あれから二十五周年、想えば隆々と発展の一途をまっしぐらに走りつづけてきたような感じである。

教授陣もほとんど北大からかけつけて来て下さった。御高名な半澤先生を鶴岡先生はいつも慕い、進んで御指導をうけておられた関係から農学部からも多大な援助をうけ、講師先生についてもご協力を頂いたものである。私も医学部の小谷博士におねがいして来て貰ったが、小谷先生の講義が大変面白いと生徒が喜んでくれたのを、私自身鼻高々だったことを憶えている。また、江原先生の依頼で講義に出かけた庁立札幌高女の先生が多く、国分先生、多原先生、菅先生など、日頃鶴岡先生と仲よしの先生や、私のような若輩も出かけてお手伝いしたもので、栄養学校はまるで庁立高女の出張所のような観があった。

庁立高女には面白い伝統があって、生徒と先生の集まりにはきまって先生に余興をやらせる習慣があった。例えば、運動会などには抱腹絶倒するような珍芸を先生方にやらせたり、試食会などにはお相伴の私たちに必ず演芸をやらせた。この習慣が栄養学校に伝染して、生徒との会合には必ず先生方が余興をやった。

フランス語で歌う先生、シューベルトの子守唄を原語でうたう先生など、なかなか多彩なものであった。新婚当時が楽しいと同じように、栄養学校創業時代は、ほんとうに楽しいことの連続であった。今でもその頃の学生諸君を記憶していて、心からなつかしんでいる。（後略）

＊佐伯栄養学校／当時、国内で栄養学を教えていたのは、1924（大正13）年に、栄養指導の専門家育成機関としは世界で初めて、佐伯矩（さいきただす）博士によって設立された「栄養学校（佐伯栄養学校）」（東京）、1933（昭和8）年に設立された「家庭食養研究会」（現・香川栄養学園）のほか、1939（昭和14）年に開校した東京の「糧友会　食糧学校」（現・東京栄養食糧専門学校）などわずかだった。

食生活で家族の健康を

札幌は、ライラックの季節を迎えていた。開校当初の北海道女子栄養学校は、本科第1部（定員20名）、本科第2部（定員10名／夜間）でスタート。6月8日の認可を受け、すぐに入学式がおこなわれた。入学者は10名。このうち7名が入学式に出席した。

新入生にとっても、トシと新太郎にとっても晴れ舞台だったが、戦時とあってはよそいきの格好もはばかられる。地味な姿で学校にやって来た少女たちは、それでもライラックの花のように華やいで見えた。

「いよいよですね、トシさん」

緊張でカチコチになったトシに、新太郎が声をかけた。

「はい。でも、わたくし、ごあいさつのときにまちがえてしまわないかと、ドキドキしてますの」

「ハハッ、あなたなら大丈夫。いけばなの教室だと思えばいいんですよ」

新太郎にはげまされ、トシは校長として新入生の前に立った。講堂も兼ねた教室である。背後には真新しい黒板があった。そこには、「清く 正しく 雄々しく進め」と白墨（はくぼく）で校訓が書かれていた。ふたりで考えたことばだ。

「皆さま、本日はご入学おめでとうございます」

ひと呼吸おいて、トシは新入生を見渡した。目の前に初々（ういうい）しい瞳（ひとみ）が並んでいる。ここまでたどり着くのに何年かかっただろうか。この子たちを栄養士として立派に育てあげるのがわたくしの務め。わたくしの人生をかけて、この学校をこの子たちといっしょに羽ばたかせよう。

うかつにも、涙がこぼれそうになった。トシは笑みを浮かべ、式辞をつづけた。

「きょうは、この学校の初めての入学式でありますが、このようにたくさんの方々が入学なさいましたことを心からうれしく思っております。みなさんもご存じの香川先生がおつくりになった東京の栄養学校は、いまでこそ立派な校舎におおぜいの学生が学んでおりますが、開校第1回の入学生は3名であったと聞いております。それに比べますと、北海道の片すみでありながら、本校の第1回の入学式に、このように多くの生徒が集(つど)ったというのは、たいへん喜ばしいことであり、非常に心強く思うわけであります。

わたくしの念願は、北海道のすべての女性に、栄養士になっていただきたいことであります。食生活を通して家族の健

北海道女子栄養学校時代のカリキュラム

本科1部	栄養学	食品学	生理衛生学	調理理論	食物調理法実習	体操	修身
本科2部	栄養学	——	——	調理理論	食物調理法実習	体操	修身
課外(選択)	書道	茶道	華道	裁縫			

康管理をつかさどるのは、主婦の使命であります。健康あってこそ家族の幸福、一家の繁栄があり、それぞれの家庭の繁栄は、国の繁栄でもあります。

どうぞ、みなさん、これからこの学校で学びとることは、ご自分ひとりのものでなく、家族のため、北海道のため、ひいてはお国のため、お役に立たせるのだという心構えで努力していただきたいと思います」

いいおえると、トシは再び満面の笑みを浮かべた。それにつられて生徒たちも互いに顔を見合わせ、ほほ笑んだ。北海道で初めての栄養専門学校は、こうして長い長い滑走の末に大空へと飛び立った。

モンペとリヤカーで大奮闘

初年度は本科1部10名しか集まらなかったが、2年目からは入学希望者が殺到し、本科1部・2部合わせて30名の定員を2名オーバーした。

当時、中学生は予科練、女学校卒業後の女子学生は、女子挺身隊（ていしんたい）として海軍工廠（こうしょう）や造幣（ぞうへい）廠（しょう）に動員されていた。ただし、理工系学生は免除される。そのおかげで、北海道女子栄養

開校当初、校舎入り口で前掛け姿の生徒たちと新太郎。調理実習後に記念撮影

開校当時の調理実習室

十五島（じゅうごしま）公園での炊事遠足（1期生）

学校に娘を入れようとする親が増えた。教室は満杯になった。

2年目からは化学、給食実習（校外実習）も加えられたが、1年目は別表のとおり基礎的な講義だけで、カリキュラムはシンプルなものだった。というのも、当時の栄養士は、1926（昭和元）年に佐伯栄養学校の卒業生に与えられた「栄養技手」という呼称の延長でしかなく、法的な根拠がなかった。

1938（昭和13）年に創設された厚生省（現・厚生労働省）が、厚生省令として「栄養士規則」を制定したのは、1945（昭和20）年になってからだ。栄養指導に従事する者の身分・業務を明確にした「栄養士法」が施行されたのは、その2年後、1947（昭和22）

年12月だ。そのため、開校当初は独自のカリキュラムが組まれたのである。

『鶴岡学園　二十五年史』に、開校当時のようすを記した北海道女子栄養学校の1期生で、後に北海道栄養短期大学の教授になった橋本美佐子（はしもとみさこ）さんと2期生竹内（たけうち）幸子さんの手記が残されている。以下に、その一部を抜粋する。

今　昔

橋本　美佐子

当時、若かった私達生徒は、誰一人として二十五年後の鶴岡学園の今日の発展振りを想像することはできませんでしたが、ただひたすら校長先生のお言葉に励まされ、毎日勉学にいそしんだのでございます。

大東亜戦争たけなわで、乏しい物資の中を比較的不自由を感じさせなかった新太郎先生の週三回の調理実習は、徹底した個人指導できびしいものでございましたが、緊張しながらも楽しい授業で、実に多くのことを教えていただきました。今、自分が担当しております授業の中で、若い学生達に対し、かつて新太郎先生からいただいたお言葉の数々が思わず出て来ることがたびたびございます。そのたびに先生のお教えの深さを、しみじみとかみしめているのでございます。

授業が終ってから先生を囲み、皆でお話しするひとときは楽しみの一つで、つい時間を忘れてのミーティングに、校長先生が「お腹すきましたでしょう」と、ご自分でおつくりになった「エッグミルク」をご馳走してくださり、またまたそこで、校長先生もご一緒になって、ときの経つのを忘れてしまうことがしばしばあり、なつかしい思い出の一つでございます。

馴れない献立作成や、レポート提出のため徹夜した時の苦労も今ではなつかしく思われ、また、春の遠足に軽川（手稲）迄行き、そこで咲いていた卯の花をごらんになった校長先生から「卯の花……」と歌を教えていただきながら歩いたことや、十五島公園での炊事遠足に、川を渡ろうとなさって足をすべらせ転んでお召物をぬらした校長先生のお姿に気をとられ、次々と足をすべらせビショぬれになり、皆で衣干しにときを過ごした一日、グループで日帰りの札幌岳登山に参加したものの、朝食抜きのため途中でフラフラになり、頂上にたどり着いたとたんにダウンしてしまった時の辛さ、学校の二階でカルタとりに興じたお正月の一日……等々、短い期間でありながら、想い出は数多く、なつかしいことばか

昭和18年1期生卒業写真。前列右から2人目がトシ、3人目が新太郎

昭和19年2期生卒業写真。前列右から3人目がトシ、8人目が新太郎

りでございます。（後略）

　なつかしい三条校舎で……

竹内　幸子

　私は二期生、同期生は三十余名、戦時中のこととて、実習材料は配給品。現学長がモンペ姿で代表を連れてリヤカーを持って、配給品の魚、野菜を受け取りに行く時代です。今、卒業記念の写真を見ながら、当時を想い出します。先生方は長靴、生徒のモンペ式スラックス・スタイル、胸がジーンとなります。

　五人一組のグループ、体と体がぶつかり合う。お互いにゴメンゴメンと声を出しあいながらの調理実習、そのための試食はまた大変でした。

　調理試験は今は亡き新太郎先生の「包丁の使い方」、全員の見ている前で一人ずつ包丁さばきをやるのですから、手さばきも顔とともにこわばり、思うように動いてくれず大弱りでした。玉ねぎのみじん切りを習った頃はさ程必要を感じてもいませんでしたが、いざ社会に出てみますと、その効果の大であったこと、主婦の方から大変喜ばれました。

　ある実習日、一人が大切な大皿を割った時、先生にどんなに叱られることやらと、本人は勿論(もちろん)のこと私達も案じておりました。

「型あるものはこわれる。仕方がないでしょう。同じ失敗は二度としない様に。かくすことはいけない。正直に申し出たのだから、今後は気をつける様に。」と一同に申し渡しがありました。卒業後、自分が指導する立場になった時、食器をこわした人には、何時(いつ)の間にか新太郎先生の言葉を、何気なく使っている自分を発見したものです。亡き先生も、ご自分のお株を取られて苦笑されていられることでしょう。

想い出の先生といえば、生理衛生学のO先生。面白く、とても理解し易い教え方で楽しく時間が経ちました。若くハンサムで、ニックネームはビンブル（よく貧乏ぶるいをするのでこの名がつきました）、化学を教えていたM先生です。よく生徒間に話題を提供していたように記憶しています。K先生といえば、源氏物語を思い出します。諸先生もご健康でお暮らしのことかと存じます。

卒業間近に集団給食の実習がありました。三週間位だったでしょうか、それぞれ病院給食とかに別れて行くのですが、私は遠藤さん、亡くなった山内さんと三人で、苫小牧中学校の体力検査初級以下——といっても今の皆さんには理解出来ないかも知れませんが、体の余り丈夫でない方達を集めての健康管理とでもいうことになりましょうか、その方達の食事を担当することになり、大きなリュックを背おい、勇躍出かけました。前半は調子も良く楽しい実習でした。

約五十人前位でしょうか、ところが、いよいよ材料が底をつき、野菜は勿論のこと、魚等も少なくなりました。先生方と相談の結果、中学の農園から人参の葉を採って苦心の末「カレーライス」に決まりました。配膳されましたが、こちらは心配で、かたずをのみながら食器の下がるのを待ちました。さすがニックネームのコブラ先生（主任の先生）は、きれいに食べてくださいました。しかし、生徒の過半数は心配通り残していました。「あんなに苦心して味付けしたのに」当時は残念やる方なしでしたが、人参の葉だけの「カレーライス」ですもの、今の方には想像もつかないことでしょう。想い出のうちで一番忘れられない生活の一片です。

また、楽しかった通学時代は、朝寝をしてしまうと朝食を取る間がなく飛び出し、学校に着くなり二階の教室でお弁当を半分だけ食べることがたびたびでした。一人が食べ始めると連鎖的に反応して、あちらでもこちらでも開き始める同志があったものです。学生生活の楽しさでしょうか。情操教育に茶道と華道とがありました。生まれてはじめて茶道を学び、その面白さが今も茶道を続けているきっかけになりました。

女子挺身隊、戦火をくぐり琵琶湖へ

「新潟では男の子と杉の木は育たない」という諺がある。新潟の女性は昔からよく働くことで知られ、そのうえ、がまん強くて粘り強い。「女房にするなら越後女」という諺もあるほどだ。

開校してまもなく、トシは、その越後女の強さを試される難題に直面する。

1944(昭和19)年になると、理工系でも女子挺身隊に動員されるようになった。そして、1945(昭和20)年2月、ついに北海道女子栄養学校にも命令が下った。食糧増産のために、滋賀県の琵琶湖周辺(長浜、彦根、草津)でおこなわれていた干拓事業の炊事作業だ。道内ならまだしも、津軽海峡を越えたはるか先まで行かなければならない。しかし、道庁からの命令とあっては従うほかない。トシと3期生30名は、防空ずきんと1週間分の食糧を詰めたリュックを背負い、長浜に向けて札幌駅を発った。

米軍のB29爆撃機が、いつ飛んでくるかわからなかった。低空飛行するB29は爆弾を落とし、機銃掃射で誰彼かまわず狙い撃ちもする。トシと生徒たちは、光が漏れるのを避けて窓を黒く覆った列車で、札幌から3日がかりで琵琶湖まで向かった。

車内はすし詰めだった。木製の4人がけ座席は狭苦しく、足元に新聞紙を広げて横になる乗客もいた。車両がレールとレールのつなぎめを通過するたびに、列車はガタンゴトンガタンと音を立てた。窓を閉めているのに、トンネルの中では蒸気機関車が吐き出す黒煙が客室に入り込んでくる。すると、煤で鼻の奥まで真っ黒になった。

石炭臭と人熱れと鼾が充満する車内。生徒たちは努めて明るくふるまった。

「十五島公園の炊事遠足、楽しかったね」

「うん、うん、ジャガイモとカボチャばかりだったけど、美味しかったぁ」

「1期生のときは、トシ先生は着物でいらしたんですって⁉」

「聞いたわ、川を渡ろうとして転んだって。新太郎先生が、ものすごく怖い顔でトシ先生をにらみつけたらしいの、炊事遠足に着物なんかで来るからだって」

「新太郎先生、ふだんはやさしいのに、怒ると怖いものね」

「そうねぇ。わたしも包丁の握り方で怒られたことがあった。でも、次の調理実習のときは上達したところを見ていただけるね。だって、これから1カ月、毎日、料理をつくらな

整列する女子挺身隊　日本製鋼　昭和18年ころ　©Tadahiko Hayashi Archives

くちゃいけないんだもの」

思い出話に花を咲かせ、恐怖心と闘う健気(けなげ)な教え子たちのようすに、「どんなことがあっても、この子たちを全員無事に親元へ帰さなければならない」と、トシはきもちを新たにした。

滞在先の宿舎では、みなが寝静まってからも翌日の準備で深夜まで立ち働くトシの姿があった。その苦労に報いようと、生徒たちも朝から晩まで、わずかな配給食糧でおおぜいの食事をつくった。

「さすが、栄養学校の生徒だけのことはある」

関係者は口々にこういって、奮闘ぶりを称賛した。

1945（昭和20）年3月中旬、全員、元気に札幌の地を踏んだ。

帰路に経由した東京・上野駅周辺は焼け野原だった。数日早ければ、3月10日に東京を舐(な)め尽くした大空襲に巻き込まれていただろう。運がよかった。まさに、天が味方をしてくれたのだろう。

『鶴岡学園　二十五年史』から、勤労奉仕を体験した3期生、近藤圭子(こんどうけいこ)さんの手記を抜粋して当時の状況を見たい。

三十年前のできごと

近藤　圭子

今から三十年前、昭和二十年二月、太平洋戦争末期の騒然とした日々のことを今思い出しております。

当時まだ十七、八歳だったわたくしたちは防空ずきんとモンペに身をかため、デンプン靴[*]をはき、いり豆、いり米、そして、なけなしのお米で炊いた貴重なおむすびを、リュックにつめて一路Ｂ29の飛来する京都琵琶湖畔長浜へと、暗い列車に乗りこみました。

任務は食糧増産のための琵琶湖の干拓作業へ動員された学徒のための集団炊き出しでした。このために当時北海道ではただひとつしかなかった栄養学校の学生が動員されたのです。現学長先生のひきいるわたくしどもの一行は、北海道庁よりの依頼を受けて空襲のなかを、ただひたすらお国のためと、むしろ名誉と喜び勇んで出発しました。

出発してから二日目、名古屋の駅につきましたが駅付近は既に爆撃をうけておりました。みな鼻のまわりを真っ黒にして、すすけた顔で現地についたのは三日後と記憶しております。

京都地方の二月から三月にかけて、しかも火の気のない台所で水仕事は相当つらかったはずですが、緊張していたので、少しもつらいと思わなかったのです。しもやけの手をこすりこすり大根、にんじんとの格闘でした。いかに早く、うすく皮をむき、小さく切って、ひと切れでも無駄にすまい、食料を大切に、これはそのころ至上命令でした。材料といえば野菜だけ、調味料はお醤油と塩、たまに油の入った野菜の煮付ができるときは、わたくしたちも張り切りました。

夜はうすいフトンに重なりあってゴロ寝です。現学長先生が心配するのは無理もありません。風邪ひきが流行しました。夜中にわたくしたちが目をさますと、そこに必ず学長先生のお姿がありました。わたくしたちのいる長浜以外に彦根と草津にもわかれて行っていたのです。昼間は何度も滋賀県庁に交渉に行かれます。なにせ油一かんわけてもらうにもその当時は大変なことだったのです。また帰ってくると地元の役場にと食糧の確保に奔走、夜は夜で炊事場を見まわれて給食の指導をなさいます。何せ十七歳～十八歳の小娘ばかりで危かしくて、みていられなかったのでしょう。

バラックの炊事場ではわたくしたちが身体をこわしてしまうということで、学長先生はお寺の炊事場を交渉して借りることになりました。その間の学長先生の奮闘ぶりは村の人たちも目をみはったそうです。忘れもしない夜中の十一時の引越しでした。

3期生卒業写真（琵琶湖干拓事業に女子挺身隊として参加）

ただいまでも学長先生はおっしゃいます。「あの時は学生の一人でも身体をこわし、つれて帰れないようなことがあっては申し訳がない。私の責任ですから」と。彦根でも草津でも同じようなことがあったと聞いております。超人的なご努力で三ヵ所をとび回っておられました。

やっとのことで無事任務を終えて帰るころは、三月十日の東京大空襲のあとでした。帰りがまた大変でした。名古屋の駅はもう空襲であとかたもなくこわされていました。わたくしたちもいつ機銃掃射を受けるかしれないから、胸の名前をしっかりつけておくようにという指示がありました。少し走っては止まり、少し止まってまた走り、何日かかって北海道にたどりついたか、今は記憶ありません。みな疲れ果て、汽車の中での寝相の悪さは、そうとうなものでした。

　たまたま学生の一人が学長先生がちっとも動かない、見に行こうということになりました。近寄ってみると、確かに眠っていらっしゃるのですが、まことにきちんとしていらして、微動だにしません。あの時の学長先生の姿勢が、今も目に浮かんで忘れられないのです。お茶・お花の師になられる方は、大変姿勢がよろしいと聞いておりましたが、いつ見ても、どんな状態にあっても、毅然とした姿勢でごあいさつされます。入学式・卒業式の学長先生の姿勢をお見うけするにつけ、三十年前のできごとが、そのまま今日の学長先生の心意気をあらわしていると思うのです。（後略）

＊デンプン靴／低品質の安価なゴム長靴のこと。

終戦、復興、再起をめざす

３期生が全員そろって卒業した１９４５（昭和20）年４月、北海道女子栄養学校では新たに4期生を迎えた。

戦争はますます激化し、空襲の回数も増えていた。そんななか、4月13日には、「栄養士規則」、「私立栄養士養成所指定規則」が公布・施行され、栄養士が免許制として定められた。北海道女子栄養学校も指定14校のひとつに選ばれ、卒業生は軍需（ぐんじゅ）関連工場、病院、官庁などへ次々と就職。北海道女子栄養学校の名は、全道に知れわたることになった。

ちょうど同じころ、アメリカでは4月12日に、原子爆弾の研究開発にゴーサインを出したフランクリン・ルーズベルト大統領が死去。2週間ほどたった30日、今度はヒトラーが自殺。ドイツは、翌5月7日に降伏した。莫大（ばくだい）な資金を投じて原子爆弾の開発を進めてきたアメリカ政府は、降伏の兆（きざ）しを見せない日本で原子爆弾の性能を試そうと、科学者たちに開発を急がせていた。

1945（昭和20）年8月6日、広島市に原子爆弾が投下された。つづく8月9日、今度は長崎市に2発目が落とされた。3発目の投下場所には、札幌市も候補にあがっていた。

8月15日、敗戦を伝える玉音（ぎょくおん）放送が流れた。

国民は、長くつづいた戦争からようやく解放された。

札幌では周辺の丘珠（おかだま）（現・札幌市東区）、軽川（がるがわ）（現・札幌市手稲区）、白石（しろいし）（現・札幌市白石区）

などは空襲に遭ったものの、中心部は戦渦を免れた。トシと新太郎は、北海道女子栄養学校の新たな姿を模索しはじめた。

『鶴岡学園　二十五年史』には、1945（昭和20）年の学校生活を綴った手記も残されている。この章の最後に、4期生の金山美奈子さんの手記から一部を抜粋しておこう。

みそ汁と女子学生

金山　美奈子

私共が入学したのは、大東亜戦争も末期に近づいた昭和二十年、やせっぽちの私が軍需工場にでも働かされてはとの親心を素直に受けて、非常時下の栄養問題の勉学に入り出したわけです。つまり、多少なりとも栄養補給の道を講じたわけですネ（もっとも在学中、人一倍勉強には熱心だったつもりですので念のため）。

しかし、浮世は騒然とした毎日でした。B29は時折姿を現わし、毎日防空頭巾の下に炒り豆と、炒り米を入れた袋を持って通学した頃のことです。食品衛生や栄養学をお習いしても、三度の食事を腐りかけた冷凍芋と乾燥南瓜でうえをしのぐ毎日では、少々絵に書いたボタ餅的傾向がありました。

ある時は学業を放棄して、島松の演習場にそば撒(ま)きに行き、でき上がった僅(わず)かのそば粉を実習用としたこともありました。よく学び、よく働く、育ち盛りの乙女達だったわけです。

そんな毎日の食生活の中で、調理実習の日は、なんともいわれぬ楽しい日でした。最近は雑誌のグラビアにもカラーの美しい料理紹介が多く、レストラン料理が家庭に入り込んで来たといわれる程ですが、この頃は、料理の本といえば私共にとっては、新太郎先生が書かれた教科書ただ一冊でした。それも「どんな味がするのかしら」と、あかず眺めるのみ……。

物資欠乏の折とはいえ、ありがたいことに教材用の特別配給はありましたが、最近のような洋ヤサイや各種の肉など望むべくもありません。どうしても献立に制限が出来て来ますし、また、私共自身、家に帰ってすぐ役立つ「家庭料理」の実習を歓迎する傾向がありました。南瓜の茶巾(ちゃきん)しぼりなどの天然自然の甘味がこの上ない貴重な味でした。

そしてまた、可食部一〇〇%に近づけることこそ、何よりの料理の腕でした。つまり、芋の皮は薄く、人参は皮をむかず、魚のあらはどこ迄使用可能か?……。かくて、廃棄物に近いものを最も有効に活かす道として、実習の最後には必ずといってよいほど「みそ汁」

が登場したものです。

魚のあらは必ずみそ汁に入れられ、蛋白質と脂肪の入り混じったスープは私共の栄養を補給してくれると同時に、私共に「みそ汁作りの技術」を教えてくれました。少々青味のくさい魚の時には、粉山椒かパセリのみじん切りをさっと散らすとよいのです。みじん切りの名手も現われました。

みそ汁は、何よりも一煮立ちして、おろして食べる。このタイミングなのだということも覚えました。だしの優劣をいうのは、ぜいたくだというもの。食べ頃を見はからって作ることが何より大切なのです、その点、栄養失調症一歩手前の育ち盛りは、首を長くしてでき上がりを見守って、ちょうどよい頃合の味、みそ汁の旨味を体得して行きました。感謝しています。（後略）

第5章

食卓に栄養と幸せを

終戦直後、札幌駅は買い出しの人々であふれかえった(北海道新聞　1945年11月11日掲載)

トシ校長、買い出しに奔走

北海道女子栄養学校は、1945(昭和20)年12月に授業を再開した。

国全体が混乱しているなかで、学校の維持すら危ぶまれたが、授業を再開させたからには、やっていかなければならない。ただ、問題は山積みだった。調理実習に使う食材の確保だ。台湾や朝鮮半島、満洲からの米や大豆が入らなくなったうえに、終戦の年は、大凶作だった。

戦時中からの食糧配給も遅れがちになり、届いても、トウモロコシや青米(あおまい)だった。青米とは、収穫時期に達する前の米で、胚芽(はいが)が未熟で緑色をしている。そんな米でも主食としては上等で、時にはカビの生えた大豆粕(かす)まで配られた。しかし、そんなものを調理実習で使うわけにはいかない。

米だけは、札幌市内に店をかまえていた親戚筋の村山米穀(べいこく)店の厚意でかろうじて調達できたが、野菜や肉はなかなか手に入らない。幸い、学校の目と鼻の先にある狸小路には闇(やみ)市(いち)が並び、トシは毎朝4時に起きると食糧の買い出しに出た。

小樽の露店、昭和31年ころ　©Tadahiko Hayashi Archives

ところが、人垣をかき分けて露店をのぞき込んでも、闇市のものはべらぼうに高く、お金をいくら用意していてもあっという間に消えてしまう。江別、岩見沢、小樽へ出かけようと札幌駅まで行っても、列車は大混雑して乗れない。混乱をさけて、夜のうちに移動する人も多く、トシも着物や懐中時計など金になりそうなものをリュックに詰め、農家を訪ね歩いて米や野菜と交換してもらった。

カボチャとイモと豆が最上の食品といわれた。「粥をすすって学校へ」と、戦時中から全国各地で掲げられていたスローガンは終戦後も消えず、むしろ戦時中より食糧事情は悪くなっていた。札幌市に隣接する白石村（現・白石区）では、食用に犬を売るところもあった。

栄養失調で餓死する人が、日本国中で続出した。

さらに厄介だったのは、結核に劇的な効果がある抗生物質「ストレプトマイシン」が手に入らなかったことだ。アメリカでは１９４５（昭和20）年から使われていたが、日本で製造できるようになったのは１９４９（昭和24）年からだ。栄養失調による体力低下、免疫機能の低下で、結核をはじめとする感染症で命を落とした人々もおおぜいいた。

そのようななかで、学校を運営していくのは並大抵のことではなかった。しかし、新太郎は１９４６（昭和21）年４月の入学式で、「人のできることなら、自分もできないはずはない」と述べ、５期生を勇気づけた。

『鶴岡学園　二十五年史』より、５期生の吉田節子（旧姓　畑野）さんと松実敏子（旧姓　谷口）さんが寄せた手記から一部を抜粋して当時のようすを見たい。

貧しくとも希望に満ちていたあの頃

吉田　節子（旧姓　畑野）

平和ということが世界の大きな課題として論議されている現在、私はいつも母校に在学していた二十数年前のことを想い出すのです。

小学校から女学校卒業迄、戦争の中で育った私達は、平和な世の中ということは考えてもみませんし、想像もできなかったのです。敗戦に依ってもたらされた平和であっても、長い戦争に疲弊し、世の中が混迷していても、何と戦争のないということの幸せを感じたことでしょう。

母校もその時は規模も小さく、教科書も十分揃わず、生徒数も少なく全てが現在とは見るかげもなく貧しかったけれども、青春の息吹きは同じ……いや、もっともっと激しかったと思うのです。北海道に女子の専門学校が女子医専と母校と二つしかないあの時、東京が焼野原でまだ学校が復旧していないあの時、全道の優秀な女学生が集り、熱気の漲った教室の雰囲気が懐かしく、平和の蘇生に喜び、学徒動員で失われた空白を埋めるのに皆真剣に勉強したあの頃の母校を懐かしく想い出します。

食料も燃料も全て配給で乏しく、田舎の疎開先から一週間分ずつリュックで運んで通学したあの頃、学校へ行くにもなかなか電車がこないので往復とも桑園の下宿先から歩いて通ったあの頃、進駐軍が街に溢れ、ケバケバしい狸小路の繁華街を通って母校に通い、代用食の弁当で空腹を満たしながら、活字に飢えていた私たちは、むさぼるように片端から藁半紙の粗末な本を読み、討論し、自由の空気を精一杯吸ってピチピチして母校に通って

いました。（後略）

忘れられない新太郎先生のお言葉

松実　敏子（旧姓　谷口）

私たちが入学いたしましたのは終戦の翌年、昭和二十一年の四月でした。人心は荒み切っていました。街には進駐軍の兵士と、それをとりまく原色がいっぱいでした。でも私たちは、長い長い戦争から解放されて静かに学ぶことのできる毎日を心からありがたいことと思って、学校に通いました。それは学校と呼ぶにはあまりにも家庭的でささやかであったかも知れません。それでも私たちは、講義のひとつひとつを熱心に綴りました。ノートは紙をとじて自分でつくり、インクも思うように手に入らぬ有様でした。調理実習といっても、勿論、材料のあろうはずもなく、毎日のように馬鈴薯を相手の包丁さばきに悪戦苦闘しました。

今、こうして振りかえってみますと、一年数カ月学んだあの教室の様子が、まざまざとよみがえって参ります。

私たち新入生の教室は二階でした。学校の教室というものは、階段を上ると廊下があって、廊下に教室が並んでいて、と思って階段を上りますと、いきなり教室の中に出てしまい、まずびっくりしました。

教室は二つに仕切られていて、右が畳じき、左はつくりつけの机が並んでいました。畳じきの方では校長先生からお茶やお花をお習いし、机に並んでは化学や調理理論の勉強をしたのですが、机のかげで眠ってしまったり、ノートの下でこっそり本を読んでしまったことなども、懐かしく思い出されます。

復員したばかりで、海軍士官の軍服姿で教壇に立たれた先生もありました。終戦当時、広島にいらしたご自分の体験を語られる言葉のひとつひとつに思わず皆で泣いたのも、その机の上です。細菌学の小谷先生に時々ご指導をいただいて、よく歌も歌いました、楽譜も手に入りませんから、ガリ刷りの見にくい譜をもって、一生懸命ハーモニーをつくりました。馬鈴薯のおだんごばかり食べていても、顔がうつるような雑炊をすすっていても、若い私たちはそんなに暗くはなく、生き生きと明日に向かって歩いていました。

楽しいことのひとつに献立つくりがありました。机の上でなら、どんな豪華な名前も並べることができます。オードブルからデザートまで、私たちは何度も作っては栄養計算をします。何時（いつ）の日にかのために、卵やバターをたっぷり使ったケーキのメモもたまりまし

た。（後略）

栄養士大会で北海道の窮状を報告

終戦の翌年、第1回世界栄養士大会が兵庫県宝塚市で開かれた。トシは北海道代表として参加し、2時間にわたり北海道の食事情について講演している。1946（昭和21）年の何月に開催されたのか不明だが、この年の11月30日に横浜港に届いた「ララ物資」による栄養補給の効果について報告しているので、12月ころに開催されたのだろう。

ララ物資とは、1946年6月にアメリカの社会事業団体や宗教団体などによって組織されたLicensed Agencies for Relief in Asia（アジア救済公認団体）による支援物資のことをいう。1946年から1952（昭和27）年まで支援がつづき、脱脂粉乳（だっしふんにゅう）、缶詰、シロップなどの食料のほか、子ども靴、衣料、石けん、学用品、綿など1万6000トン以上の物資が届けられた。

水で溶いて給食で配られた脱脂粉乳の味は、飲むのをイヤがる子どももいたほどまずかった。けれども、このララ物資があったおかげで、子どもたちの栄養状態はかなり改善さ

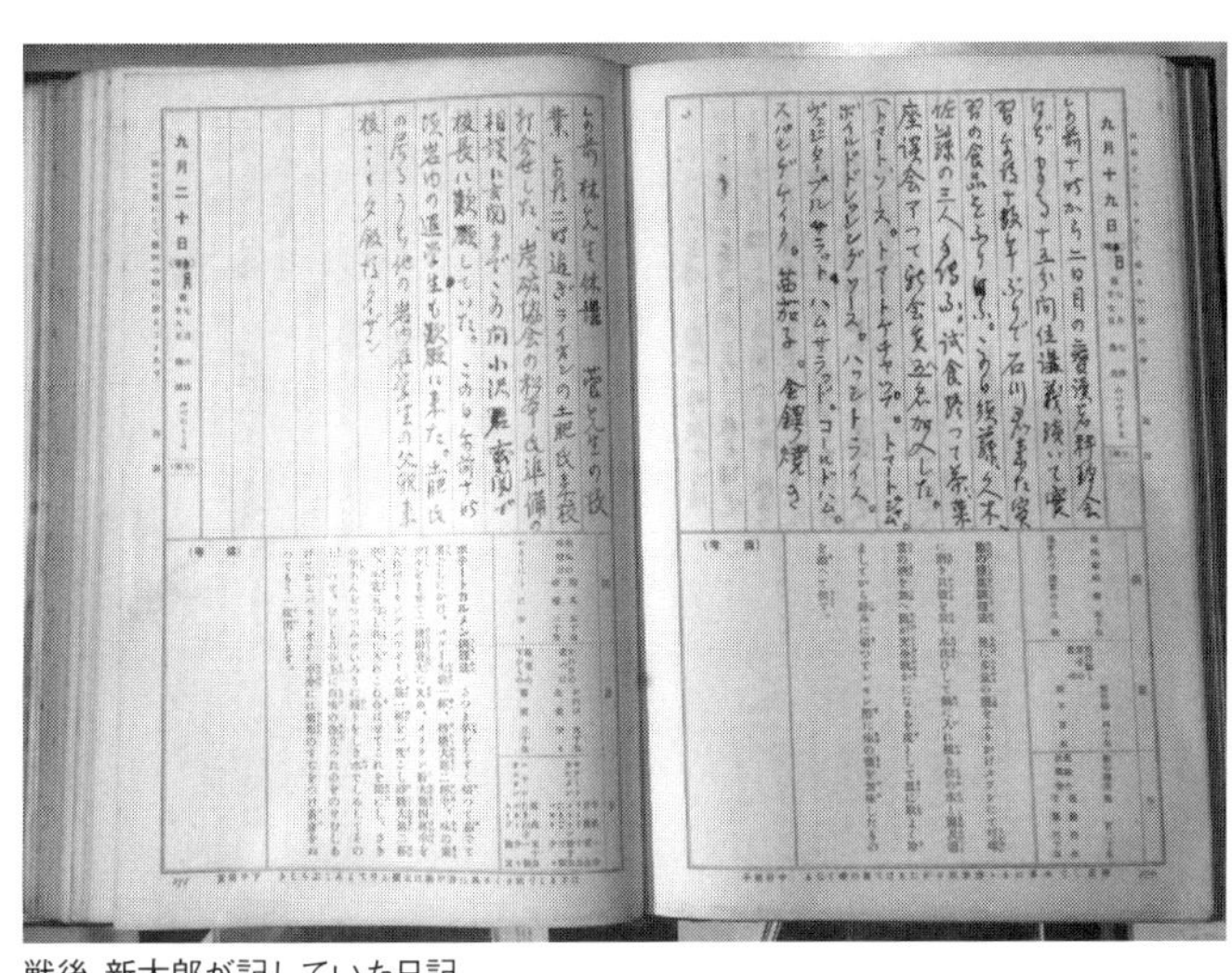
戦後、新太郎が記していた日記

れた。

そもそも、日本の給食は貧困層の子どもの救済が目的で明治時代にはじまり、牛乳も貴重な栄養補給食として早くから給食に登場している。北海道内では明治時代から牛乳の生産・販売がおこなわれていたものの、終戦当時は小規模酪農家が多く、手作業での乳搾りだったため生産量も知れていた。

カルシウムを効率よく摂取するには小魚を食べるという方法もあるが、戦時中には漁船も物資輸送などで供出され、漁業も大打撃を受けていた。当時は、支援物資に頼るしかなく、トシも、学童の給食状況について報告した。

この大会には、連合国軍総司令部（GHQ）

のハウ大佐が出席していた。その後、イリノイ州スプリングフィールド・トリニティホール大学（当時）に復職した彼の報告により、トシの発表は世界に知れわたることとなった。

栄養失調の問題は、紛争地域では必ずおこる。そして、ほとんどの場合、こういう地域には国際ボランティアや各国政府、ユニセフ、国際赤十字社などから食糧支援がある。ララ物資に象徴されるように、戦後の日本がまさにそうだった。

1945（昭和20）年12月、日本政府は連合国軍総司令部の指令により、各国から食糧援助を受けるための資料を作成する目的で、国民栄養調査（現在の国民健康・栄養調査）をおこなった。1回目のララ物資が届く1年前だ。

このときは東京都民6000世帯3万人が対象となったが、1946（昭和21）年からは9都市、27都道府県のほかに一部の鉱山、鉄道局で実施。さらに、1948（昭和23）年から全国調査へと発展していった。

こうした動きがあるなかで、前章でもふれたとおり、終戦4カ月前の1945（昭和20）年4月に、「栄養士規則」「私立栄養士養成所指定規則」が公布・施行された。これにより初めて栄養士には法的根拠による資格（地方長官の免許）が与えられるようになった。地方

「北海道栄養学校」改称後のスナップ

豊平館（ほうへいかん）前にてテーブルマナー実習後に記念撮影

長官とは、現在の都道府県知事のことをいう。

さらに、「私立栄養士養成所指定規則」により、北海道女子栄養学校は１９４５（昭和20）年12月に厚生大臣（現・厚生労働大臣）の指定を受けた。むろん、道内では初めて。東北以北でも随一（ずいいち）の栄養士養成校だった。

１９４７（昭和22）年12月には「栄養士法」が制定され、栄養士の定義や業務などが定められた。また、食品衛生法も制定された。次々と栄養士に関する法律が整備され、病院の給食室や保健所での実習時間も以前より増えた。

新太郎とトシはこれを機に、校名を「北海道栄養学校」と改称し、定員も50名に増やした。ところが、翌１９４８（昭和23）年の入学者は５名に激減。にぎやかだった教室が、火の消えたようなありさまになってしまった。

生徒数の激減は、当時流行（はや）った洋裁や編物ブームが影響していた。

戦後の学制改革で、義務教育修了後の複雑な教育体系は簡素化され、小学校6年間、中学校3年間、高校3年間、短期大学2年間、大学4年間となった。高校は「新制高校」と呼ばれ、各種学校（専門学校）の北海道栄養学校の入学資格も、この新制高校卒業以上と規定された。

同じ各種学校でも、洋裁学校や編物学校などは、中卒以上で入学できるところが多く、北海道ではこうしたファッション系の各種学校への入学希望者が圧倒的に多かった。戦時中の耐乏（たいぼう）生活から解放された反動で、オシャレを楽しみたいという女心のあらわれだったのだろう。そのため、北海道栄養学校の入学希望者は、修業年限が2年となった1949（昭和24）年は13名と若干増えたものの、前年度より8名増えたにすぎない。

「今は生徒集めがたいへんでも、衣服問題のあとには必ず食糧問題がくる。だから、今年の入学生は少なくても、来年はきっと大丈夫」

新太郎とトシは、ファッション系各種学校のブームを冷静に受け止めていた。

しかし、入学者は1950（昭和25）年には6名、1951（昭和26）年には12名しか集まらず、じり貧状態がつづいた。

トシ、市議選に出馬

入学者激減は悪いことばかりではなかった。時間に余裕ができたトシは、東京や北海道内の私立学校のトップや、札幌の財界人、各方面の婦人会などと交流する機会が増えた。そのひとりに、鳩山薫(はとやまかおる)共立女子学園理事長がいた。薫は財団法人大日本女子社会教育会理事で、のちの総理大臣鳩山一郎(はとやまいちろう)の妻だ。1954(昭和29)年から2年間つづいた鳩山内閣時代には、ファーストレディとして日ソ友好に努めた才媛(さいえん)である。トシは、こうした政財界とのつながりで、1951(昭和26)年の統一地方選挙で、札幌市議会議員に立候補した。戦後、女性に初めて参政権が認められてから2度目の統一地方選挙だ。

「鶴岡先生は女子教育に尽力されてきたのだから、立候補なさったら?」

「鶴岡先生が立候補なさるなら、わたしたち応援しますわ」

などと、周囲からもちあげられたトシは、つい、その気になった。札幌では茶道や華道の先生としてセレブのあいだで知られ、北海道初の栄養学校の校長としての実績もある。

新太郎の了解もとれた。「市会議員になったら、札幌市の教育にわたくしの経験を活かしたい」と、トシは夢をふくらませた。だが、結果は惨敗だった。

「鶴岡校長はおだてにのりやすい」と陰でささやく者たちもいたが、立候補したことで、それまで北海道栄養学校の存在を知らなかった人たちにも、行動的な女性校長がいる学校として知られるようになった。

この思いがけない宣伝効果に加えて、世の中が落ち着きをとり戻し、女性解放の機運が広がりはじめたこともあり、北海道栄養学校の入学者は1952（昭和27）年になると19名まで増え、翌年以降は38名、57名、60名と増えていった。

一世一代の大博打（おおばくち）

1950年代を迎えると、新太郎とトシは現在の札幌市北区北21条西6丁目に252坪の土地を買い、新校舎を建設する賭（か）けにでた。北大キャンパスから目と鼻の先の新校舎の用地では、地鎮祭（じちんさい）もすみ、建設工事が着々と進んでいた。

新太郎とトシは、仕事の合間（あいま）を縫（ぬ）ってこの建設現場に通った。周辺には野原が広がり、まだ農家もあった。校舎にしても木造2階建て１３１坪で、数人の大工で手が足りる程度の規模だった。

基礎工事を終え、校舎の骨組みができあがってきたある日、新太郎とトシは、いつものように弁当を用意して工事現場を訪れた。

「いやぁ、すみませんねぇ」と恐縮する棟梁に、「立派な校舎を建ててもらわなくっちゃいけないからね、このくらい当然のことですよ」と、新太郎は気さくにこたえた。棟梁は、大工という仕事柄、気っ風がいい。東京の下町で育った新太郎は、ここへ来ると笑顔が増えた。

弁当の包みを抱えた棟梁が立ち去ると、ふいに新太郎がつぶやいた。

「手稲は、いつ見てもいい山だねぇ」

校舎の向こうには北大キャンパスが見え、その背後はさえぎる建物もなく、手稲山が威風堂々と横たわっている。秋晴れの空には雲ひとつなかった。

「しばらく山歩きしてないなぁ」

「そうですね、ずっと忙しかったですものね」

夫の肩越しに手稲山を見つめていたトシは、暇さえあれば札幌周辺の山を歩き、冬にな

北校舎建設予定地の後方に手稲山など札幌の西の山並が見える

ると、山で食べるのだといって鍋と具材を背負い、山スキーを楽しんでいた若き日の夫を思い出していた。

「女学生を連れて手稲山にも登ったことがあったなぁ。あの子たちもいまじゃ、ベテランの栄養士だ。トシさんががんばってくれたおかげだよ」

「あら、あなたがいたからできたことですよ。仕事をしながら、あなたは北大に通われて、宮部金吾（みやべきんご）先生や半澤洵（はんざわじゅん）先生の研究室で勉強なさったではないですか。その下地があったおかげで、学校をつくったときも、北大の先生がたを講師としてお迎えできたのですから」

「トシさんだって、がんばってくれたじゃないか。茶道や華道を学校で教えられたのも、あなたが立派な免状をとったからだ。戦時中の琵琶湖の炊き出しだって、あなたが引率してくれたから道庁の要望にも応えられたってもんだ」

「あのときは、必死でしたからねぇ。でも、こうして新校舎を建てられるのも、みなさんのおかげですね。私たちはご恩に報いなければいけませんね」

戦時下の教員不足から庁立札幌高等女学校を辞めることができず、トシに学校長をゆだねた新太郎は、創設から十数年を経て、ようやく鶴岡学園の理事長として表舞台に立つことになった。夫唱婦随の四半世紀。その結晶がもうじき新校舎となって誕生する。北大キャンパスの向こうにそびえる手稲山が、ふたりの目には、格別に美しく映った。

新校舎は1954（昭和29）年に完成した。通称、「北校舎」。南3条の校舎には、本部事務所が置かれた。

この北校舎は131坪あり、木造モルタル塗りの2階建て。調理実習室には真新しい調理器具や食器が用意され、図書室の蔵書も新たに購入。教員も専任6名、兼任14名に増え、生徒定員も100名になった。いよいよ新たな船出である。新太郎は、札幌ではトップクラスと評判の写真館に依頼して、校舎内の隅々まで写真に残した。

北校舎でのようすは、『鶴岡学園　二十五年史』に掲載された森量夫道立衛生研究所生活科学部長の手記に残されている。校舎近辺のインフラ整備が追いつかず、教員も生徒も四苦八苦したようだが、向学心に燃える学生たちの生き生きとした学生生活が垣間見える。以下でご紹介しよう。

実験室と共に過して

道立衛生研究所生活科学部長　森　量夫

私は北大より現在の衛生研究所に転勤して間もなくの頃、乞われて食品化学の講義と実験を担当することになった。それは昭和三十五年二月のことで、校舎は北校舎であった。現在の新館の立派な化学実験室の姿から考えればまさに隔世の感がある。何しろ十坪余りの室の真中に大きな実験台が一つ、まわりにサイドテーブルがあるのみで、他には殆ど設備がなかった。この室で約四十名の学生をどのように配置し、どんな実験を行なったらよいものやら、長年学生実験を手がけてきた私もしばし思案にくれたものである。

化学実験に火と水はつきものと言っても過言ではないが、肝心のガスがない。バーナーはあるが、都市ガス用でプロパンには使えない。しかし、考えてばかりいても始まらないので、とりあえず食品分析に必要なフラスコやビーカーその他を買ってもらい、授業を始

当時の北校舎外観

北校舎にて卒業式

めることにした。

しかし、十坪余りの室に四十名以上の学生を入れ、静粛に実験をさせることは至難の業である。しかも、化学実験には全く未経験な女性ばかりである。これはどうするのなどと隣同志で話している声も集まれば物すごく、しかも箸が転んでもおかしい年頃である。まるで蜂の巣をついたような騒音であった。たまたまガラス器具を届けにきた現在の関東化学販売の大川社長が、室一杯にいる美女の群像に圧倒され上気してしまい、納品の器具の員数を数えることができなかったという笑えぬ一幕もあった程である。

こんな状態が約一年近く続き、やがて都市ガスや市の水道が入り、器具も次第にふえ、狭いながらもどうにか授業が軌道にのるようになった。（後略）

高度経済成長期に産声をあげて

北校舎が完成する前年の1953（昭和28）年、鶴岡夫妻は学校法人の設立をめざした。専門学校を短大に昇格させることがふたりの新たな目標だった。その前段階としての学校法人設立だったが、1953年には、まず準学校法人を立ち上げた。新太郎は、「急がずに一段ずつ登っていくのだ」と周囲に語った。

短大設立までには何年もかかり、はたして新太郎が生きているうちに実現できるかわからない。それでも彼は、まるで登山の過程を楽しむように、一足飛びに頂上を目指そうとはしなかった。

1956（昭和31）年、政府が毎年発行する『経済白書』には、「もはや戦後ではない」という一文が明記された。

国民の所得は上がり、1950年代も後半になると洗濯機、白黒テレビ、電気冷蔵庫が「3種の神器」として宣伝され、一般家庭に普及していった。映画『ALWAYS 三丁目の夕日』（原作・西岸良平、監督・山崎貴）は、このころの庶民の暮らしを描いたものだ。

1958（昭和33）年になると、皇太子明仁親王（当時）と正田美智子さんの婚約が発表され、「ミッチー・ブーム」が巻きおこった。皇室が皇族と五摂家以外から初めて迎える花嫁はとても美しく、日本を再建しようと懸命に働いてきた人々の心をわしづかみにした。

1959（昭和34）年のご成婚パレードを見ようと、白黒テレビの売上が伸びた。さらに、テレビの普及と前後して、週刊誌の創刊が相次ぎ、国民に届く情報量は一気に増えた。

ちなみに、五摂家とはかつての公家である近衛家、九条家、二条家、一条家、鷹司家の

市の中心部を汽車が通る小樽市、昭和31年ころ　©Tadahiko Hayashi Archives

ことをいう。九条家は、新太郎の母シゲが乳母として仕えた家だ。

メディアの拡大は、人々の食生活にも影響を与えた。テレビではＮＨＫが「きょうの料理」の放送を開始（１９５７年）。女性週刊誌の登場で、料理を紹介する媒体がそれまでより増え、誰にでも簡単につくれる「家庭料理」が食卓を飾るようになった。

このように、モノと情報量が増え、世の中が大きく変わろうとしていた1959(昭和34)年1月、学校法人「鶴岡学園」の設立認可が下り、新太郎が理事長に就いた。

財務基盤の強化を考え、「学校経営の13段階」を唱えていた新太郎は、前年に「藤の沢女子高等学校(現・北海道文教大学明清高等学校)」の校舎の建設に着手し、4月には開校式を迎えた。

学校用地は、札幌市郊外の藤の沢に2万坪の土地を購入して確保。このうち5000坪は定山渓鉄道株式会社からの寄付で、残りを鶴岡学園が買った。そして、初代校長には、かつて新太郎が勤務していた庁立札幌高等女学校の校長だった江原玄治郎が就いた。

江原は、北海道女子栄養学校の設立準備段階から新太郎を支えた大恩人だ。鶴岡学園は、信頼で結ばれた江原校長、新太郎、トシと3本の矢が名実ともに束となった。

このときもまた、鶴岡夫妻は私財を投じている。「貯めては投じる」をくり返し、自転車操業ならぬ、自転車拡大だった。しかし、トシは苦労をいとわなかった。

「これまで、わたくしは苦労をしたとは思いません、わたくしに与えられた務めと思っております。これからも、したいことが、まだまだあります。わたくしは火の玉となって燃えますよ」*

こう語るトシは、やはり越後女だった。

＊火の玉となって燃えます／第二次世界大戦中に掲げられたスローガン「進め一億火の玉だ」を、トシがアレンジしたか、「火のように熱く」を連想して使ったことば。

新太郎もトシも、朝から夜遅くまで学校ですごした。ところが、新太郎は結婚当初から〝食探訪〟だけはやめようとしなかった。

料理にも流行（はやり）すたりがあり、若手の料理人は次々と新たなメニューを考案する。東京の店で修業を積んだ料理人が札幌に戻って来たと聞けば、実際に食べて、味や盛り付け方などを確かめたい。

和食にしても、京都や東京の老舗（しにせ）で腕を磨いたと聞けば、ぜひとも食べたい。当時の北海道では、和食の基本となるコンブと鰹節（かつおぶし）で出汁（だし）をとる食習慣が根付いておらず、道産子料理人がつくる料理は塩辛いばかりで、新太郎の舌は満足できなかったのだ。

だが、新太郎の外食費は、家計にひびいた。

「ひとりで食べに行くのならいいのだけど、必ず誰かに声をかけてしまうでしょう。あの人たちを連れていくから、払いが2倍にも3倍にもなる……」

トシはかつての教え子で、卒業後に北海道栄養学校に就職した佐々木シロミにこぼした。けれども、新太郎にはなにひとつ不平をいわない。そして、自分は接待で外食でもしないかぎり、家で食べる。トシが好んだのは、煮魚と野菜と雑穀米の質素なもので、当時一般化していた魚肉ソーセージや1958（昭和33）年に発売された「チキンラーメン」などの加工食品も、トシには縁のない食べ物だった。

そんな内助の功が奏して、新太郎は1960（昭和35）年に『料理関係要語』をまとめ、翌年には、鶴岡松峰のペンネームで、『料理法百たい（1）』という料理本を北海道栄養学校の教科書用につくった。

この料理本には、洋食、和食が紹介されている。予算の都合で料理写真はモノクロだったが、100種類ものレシピが掲載された。

新太郎はこの本で、タラやワカメ、ジャガイモなど北海道産の食材を使った地産地消のご当地料理に、「まりも汁」、「えぞ新麺」などの料理名をつけて発表した。ひと手間かけるだけで、地元でとれる新鮮な食材がご馳走に変身する。焼くだけ、煮るだけの料理を日常的に食べていた道民には、目からウロコの発想だ。『料理法百たい（1）』は、生徒や卒業生のあいだでたちまち評判になった。

栄養士が職場で〝新太郎レシピ〟をつくると、その料理が一般に広がっていく。調理師がつくれば、客の口にはいる。新太郎が考案した料理は、「ひと手間かけた道産食材料理」というかたちで、道民の食生活に影響を与えていった。

本の出版と前後して、1960（昭和35）年8月には北海道栄養学校に「調理師養成課程」が新設され、調理師法にもとづき、厚生大臣（現・厚生労働大臣）の認可を受けた。1958（昭和33）年の調理師法公布後では、道内初の認定校である。調理師は、都道府県知事の免許が必要となり、調理師試験の受験資格も中学校卒業か同等以上と定められた。調理師養成課程の校舎は歓楽街「すすきの」に近い南3条の旧校舎が使われた。修業年は夜間1年6カ月。入学資格は中学卒業以上とし、調理師をめざす男女を募集した。

開校式でトシは、喜びの思いをこう語った。

「このたび、調理師の資格が国家検定制度と強化され、栄養士養成施設と共に著しく改善され、変貌（へんぼう）されつつあることは、わたくし自身、多年（たねん）、道民の栄養知識の普及向上のため苦労を重ねてきた者のひとりとして皆さまと共にご同慶（どうけい）に耐えません。

これまで本道には調理師のためのこうした制度は存在しなかったのですが、今回、厚生

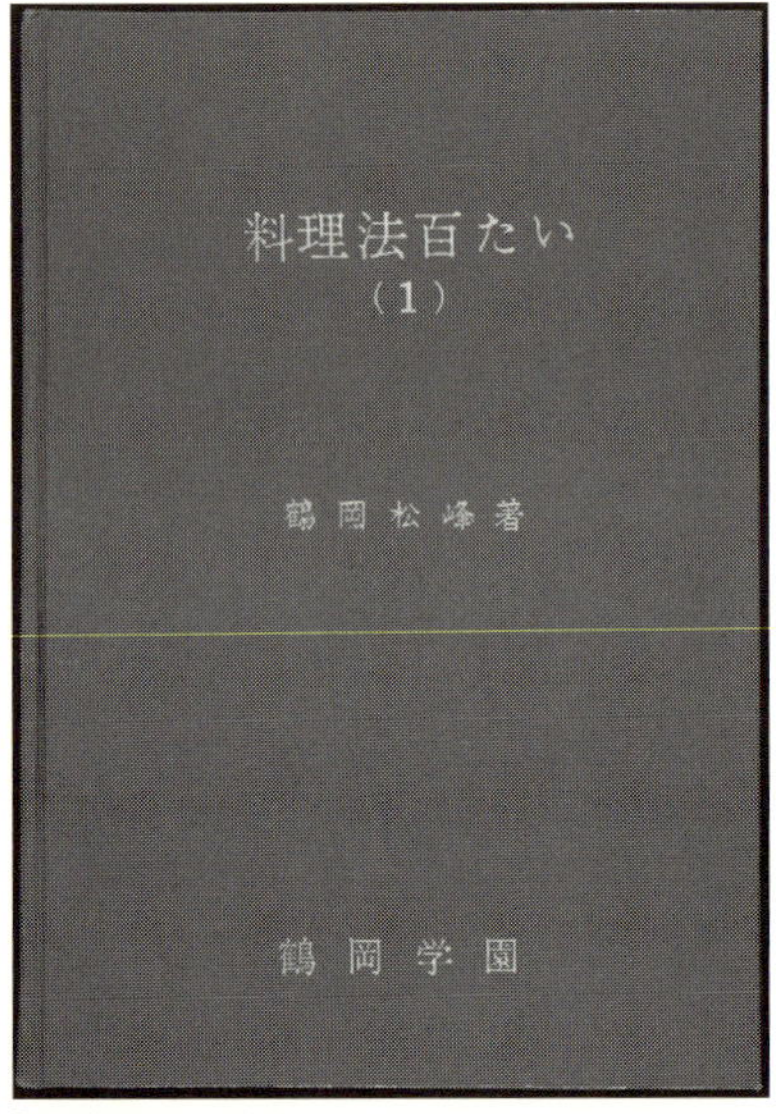

『料理法百たい(1)』

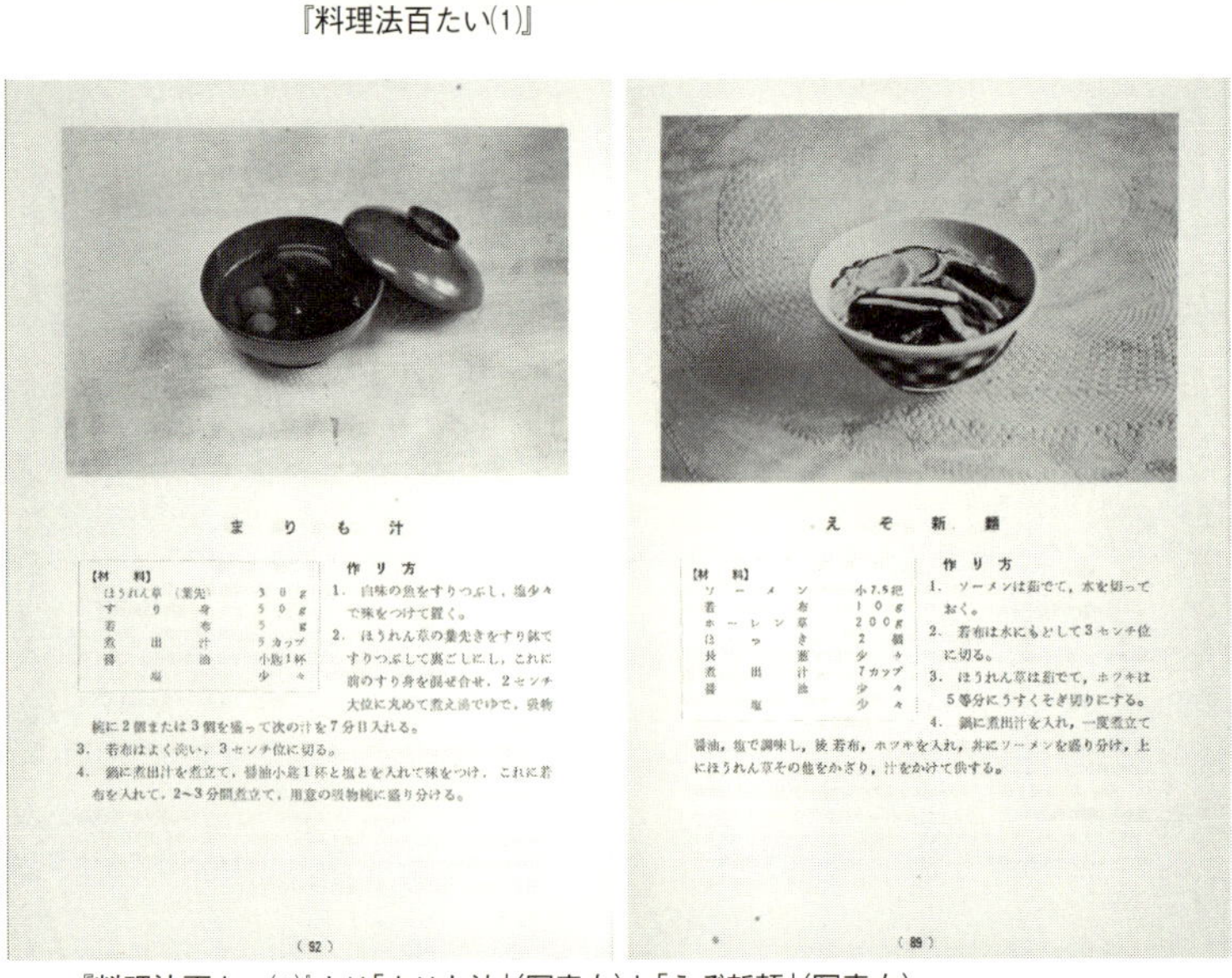

まりも汁

【材料】

ほうれん草（葉先）	30g
すり身	50g
若布	5g
煮出汁	5カップ
醤油	小匙1杯
塩	少々

作り方

1. 白味の魚をすりつぶし，塩少々で味をつけて置く。
2. ほうれん草の葉先きをすり鉢ですりつぶして裏ごしにし，これに前のすり身を混ぜ合せ，2センチ大位に丸めて煮え湯でゆで，吸物椀に2個または3個を盛って次の汁を7分目入れる。
3. 若布はよく洗い，3センチ位に切る。
4. 鍋に煮出汁を煮立て，醤油小匙1杯と塩とを入れて味をつけ，これに若布を入れて，2～3分間煮立て，用意の吸物椀に盛り分ける。

（92）

えぞ新麺

【材料】

ソーメン	小7.5把
若布	10g
ホーレン草	200g
はっき	2個
長葱	少々
煮出汁	7カップ
醤油	少々
塩	少々

作り方

1. ソーメンは茹でて，水を切っておく。
2. 若布は水にもどして3センチ位に切る。
3. ほうれん草は茹でて，ホツキは5等分にうすくそぎ切りにする。
4. 鍋に煮出汁を入れ，一度煮立て醤油，塩で調味し，後若布，ホツキを入れ，丼にソーメンを盛り分け，上にほうれん草その他をかざり，汁をかけて供する。

（89）

『料理法百たい(1)』より「まりも汁」(写真左)と「えぞ新麺」(写真右)

省の認可が本道の中心地札幌に在り、なお類似職種である栄養士養成の歴史の永い本校に指定されましたことは、校長であるわたくしとしてもうれしいかぎりであります」

この北海道栄養学校調理師養成課程のほかに、高等学校でも調理師を育て、さらに北海道栄養短期大学にも「別科（調理専修）」が設置された。これらの養成施設からは、日本を代表するフランス料理のシェフや、パリで活躍するパティシエ、宮内庁大膳課の職員（調理）などが輩出されている。

こうした成果は、40年以上にわたり調理技術を教え、料理の何たるかを伝えてきた新太郎の努力の賜物だった。けれども、糖尿病を患っていた彼は、調理師養成課程が誕生したころすでに視力を失いかけていた。

栄養士を養成しながら糖尿病を患うなど、いまなら呆れられてしまいそうだが、ＷＨＯ（世界保健機関）でさえ、糖尿病の分類・定義を発表したのは１９６５（昭和40）年になってからだ。レシピ考案のためにグルメを通し、試作と試食をくり返してきた新太郎は、道民の食生活向上と引き替えに、自らの健康を犠牲にした。

だが、視力が衰えてもやる気十分だった彼は、調理実習のときは、必ず顔を出した。

「なにをおしゃべりしているのです！」

南３条本部事務所の応接室にて。写真前列左からトシ、江原玄治郎、新太郎。後列左から橋本美佐子、佐々木シロミ

北校舎の調理室

ある日、調理実習の最中に新太郎が苛立(いらだ)ったようすで、生徒たちを叱(しか)りつけた。調理実習の準備をしていた生徒たちは、いっせいに手を止めた。ドア口で白衣姿にサングラスをつけた新太郎が生徒たちをにらみつけていた。

「料理人はいったん調理室へはいったなら、けっして話してはなりません。以心伝心(いしんでんしん)、精魂(せいこん)込めて料理に向かいなさい」

新太郎は、それまでもくり返してきた決まり文句を口にした。実習がおわると和気あいあいと談笑する半面、実習中はプロの厨房(ちゅうぼう)さながらのきびしさで生徒たちに接した。調理室は一瞬にして静まり、やがて、トントンと野菜を切る包丁の音がひびきはじめた。

「あなた、いまの切り方はなんですか。ぼくの目が見えないと思って、いい加減な切り方をしても、ちゃんとわかりますよ！」

怒られた生徒は、新太郎が耳を澄(す)まして包丁の音に神経を集中させているなどとは考えもしなかった。手抜きしたのを見抜かれ、震えあがった。

けれども、それからまもなくすると、新太郎の姿は調理室から消えた。認知機能の低下、それにつづく寝たきりの生活。トシの孤軍奮闘(こぐんふんとう)がはじまった。

調理実習にはげむ生徒たち(昭和20年代、南3条の校舎にて)

昭和30年ころの卒業式

第6章
清く 正しく 雄々しく進め

北海道女子栄養学校を創設したころの
トシと新太郎

1963年、北海道栄養短期大学誕生

「あなた、今日はこれから短大の入学式ですよ。あなたに代わってお務めをはたしてきますね」

1963（昭和38）年4月1日、トシはいつもより早めに身支度をととのえると、床についたままの夫に話しかけ、南3条の本部を後にした。

この年の前年、栄養士法が改正されて管理栄養士資格が追加された。栄養士が、専門学校や短期大学以上で都道府県知事により国家資格を得られるのに対して、管理栄養士は4年制大学以上、または栄養士資格を取得後に3年以上の実務経験が必要で、国家試験の合格者に対して、厚生大臣（現・厚生労働大臣）の免許が与えられる。

栄養士の養成に全力で取り組んできた新太郎とトシにしてみれば、各種学校扱いのまま北海道栄養学校を継続させることはできなかった。

幸い、藤の沢女子高等学校には開設当時から入学希望者が多く、鶴岡学園の経営も安定し、財務面でも短大を設立させるだけの余裕ができた。そこで、1962（昭和37）年に

トシ、新太郎図書館で打ち合わせ

短大設立の申請を出した。そして、翌年1月に認可が下りた。

新たな学校名は、栄養士の養成に特化した道内唯一の短期大学にふさわしく、「北海道栄養短期大学」と決めた。校舎は、藤の沢女子高等学校の隣接地に建てた。

短大の新校舎は北21条の「北校舎」よりはるかに規模が大きく、教室、調理室、実験室なども整い、ようやく学校らしい広さになった。

当時の藤の沢は宅地化が進んでおらず、「定山渓温泉に行く途中の札幌郊外」といった風情だった。札幌―定山渓温泉を結ぶ国道230号線、通称「石山通」を左に折れ、そこからさらに山道をのぼる。何十種類もの野

「北海道栄養短期大学」は、札幌市郊外の「藤の沢」に建てられた

鳥が生息し、「小鳥の村」として全国的に知られた地区で、キャンパスまでつづく道は草木に覆われ、路線バスのルートからも外れた不便な場所だった。それでも、短大1期生は128名にものぼり、道内各地から学生が集まった。

このころの北海道は、「女の子だから高校までで十分」と考える親が多かった。女子の4年制大学進学率は低く、短大に進学するというだけでも羨望(せんぼう)を集めた。そのような風潮のなかで、進学を希望する娘の親は、「手に職をつけたほうが、働き口も見つけやすい」と、アドバイスしたものである。

なかには、「栄養士なら、結婚してもダンナさんや子どもの役に立つ」と、アドバイスした親もいた。この「家族の健康に役立てられる」という考えこそ、新太郎とトシが北海道女子栄養学校の設立当時から唱えてきたことだった。

新太郎、逝く

北海道栄養短期大学が開校した年の12月20日、トシは当時、大通公園の近くにあった札幌市立病院にいた。寝たきりの数年を送っていた新太郎の容態が悪化。すばらしい〝アントレ〟をふたりで楽しみ、次は4年制大学という〝デザート〟を待たずに、新太郎は昇天した。

明治、大正、昭和と世の中も価値観も目まぐるしく変化した時代に流されることなく、信念を貫いた77年の人生だった。

43年間共に歩んできた夫が逝った……。

けれども、トシには泣き暮らす余裕はなかった。理事会が開かれ、トシは北海道栄養短期大学学長、鶴岡学園理事長に就いたのだ。

幸い、トシのもとには、第1期生の橋本美佐子、13期生の佐々木シロミが、短大教員として就いていた。ふたりは南3条の本部で事務仕事も兼務し、申請書類を作成するなど徹夜仕事もいとわずよく働いた。

新太郎に介護が必要になったときも、交替でトイレに付きそうなど、多忙なトシを助けてきた。新太郎が逝くと、3人はますます結束を強めた。

だが、新太郎が旅立って間もない12月31日、鶴岡学園はかつてない危機を迎える。

その日、札幌の街は雪だった。大晦日(おおみそか)だというのに、南3条の事務所にはトシと佐々木シロミが出勤し、金庫の前でため息をついていた。

「どうしましょう、お金が一銭もない……」

トシに打ち明けられ、シロミは真っ青になった。短大校舎の建設には億単位の建設費がかかり、建設工事を請け負った松村組札幌支店(当時)に多額の借金があった。教員の数も増え、入学金や授業料収入で給与にあてていたものの、月末の給与支払いで運営資金は底をついてしまった。

「給料だけは遅れて支給するようなことがあってはいけないから、なんとか仕事納めの日にお渡ししたけど、お家賃も石炭代も払えない……」

新太郎の葬儀でも気丈にふるまっていたトシがガックリと肩を落とし、うなだれている。

「鶴岡先生、大晦日でも銀行は3時まで開いています。いまから金策に行きましょう」

シロミはトシを促した。ふたりは事務所を出ると、雪道を大通公園に向かって急いだ。

途中、西4丁目の交差点に差しかかったとき、レコード店から流行歌が聞こえてきた。

その年、浅丘ルリ子の主演で封切りされた映画『アカシアの雨がやむとき』の主題歌だった。

雨に打たれて死んでしまいたい、と切ない想いを淡々と歌う西田佐知子。仕事に明け暮れていたふたりにも、聞き覚えのあるヒット曲だ。

初夏を迎えれば、札幌のアカシアは白く可憐な花をつける。トシが新婚生活を送った家にもアカシアの木が植えられていた。けれども、いまは冬。駅前通りの並木には、冬枯れの枝に雪が積もっていた。

ふたりは、片っ端から信用金庫や地方銀行の扉をくぐった。

お金を貸してほしい。

トシもシロミも経営には疎い。銀行からどうやって融資を受けるのかも知らない。

「行けばなんとかなるかもしれない」と勢いだけで金策に回ったが、融資を受けるには取引口座が必要だ。しかし、どこの金融機関にも鶴岡学園の口座はなかった。

口座がないうえに、大晦日の金策とはよほどのことだと察した銀行の担当者は、慇懃無礼な対応で体よくふたりを追い返した。

「拓銀に行きましょう。あそこは北海道でいちばんの銀行ですもの、きっと貸してくれるでしょう」

トシは、かつて、いとこが勤めていた北海道拓殖銀行へ向かった。大理石張りの建物は、いかにも北海道の経済界に君臨しているといった風情で大通公園と駅前通りの交差点に建っている。入り口でオーバーコートの雪をふり払い、トシは深呼吸した。

新太郎の顔がよぎった。「あなた、力を貸してください」。祈るようなきもちで扉を押したが、まるでふたりを拒絶しているかのように重い。トシとシロミは思わず顔を見合わせ苦笑した。

ふたりは、支払や手形引き落としの客であふれるロビーを融資窓口に向かって急いだ。そうして窓口の女性行員に名刺を見せ、融資を願い出た。

「少々お待ちいただけますか、いま、担当者を呼んでまいります」

どのくらい待っただろうか。やがて、憮然とした表情で男性行員があらわれた。

トシ(写真右)と佐々木シロミ(写真左)。新潟県にある鶴岡家の墓前で

「誠に申しわけございません、当行ではお取引のないお客さまのご融資にあたりましては、口座を開設していただく決まりになっております。本日は大晦日ということもございまして、口座をおつくりいただきましても、ご融資につきましては年が明けてからとなってしまいます。それでも、よろしゅうございますか」

万事休すである。拓銀を後にしたふたりは、信号待ちで駅前通りと大通公園が交差する横断歩道の前に立った。ふと前方を見ると、北海道銀行本店の看板があった。

「あそこへ行きましょう」

トシがいった。信号が青に変わった。横断歩道を渡りながら、トシはつぶやいた。

「もし、あそこで貸してもらえなかったら、首吊り自殺しましょうか……」

後年、ふたりはこの日の出来事を、親しい周囲に打ち明けた。感動的なエピソードとしてである。北海道銀行本店は、トシから事情を聞くと、口座の開設と融資を快諾してくれたのだ。それ以来、「北海道銀行本店とだけ取引きしましょう」というトシの方針で、入学金や授業料など鶴岡学園への入金は、すべて北海道銀行本店の口座にふり込まれるようになった。

海外視察旅行で後継者リクルート

北海道銀行本店のはからいで窮地（きゅうち）を脱した翌年の１９６４（昭和39）年11月、ちょうど東京オリンピックが開催されていたころ、短大の屋内体育館（約４５０坪）とテニスコートが完成した。

その体育館がまもなく完成するという9月、トシは初めてヨーロッパ視察旅行に出かけた。この旅は、全国の私立学校から理事や教授らが参加した日本私立短期大学協会の主催による40名ほどのツアーだった。

日本は東京オリンピックの開催にあたり、長く禁じられていた観光目的の海外渡航が解禁され、１９６４（昭和39）年4月1日から誰でも出国できるようになった。

いっぽう、オリンピック開催地の東京では、ホテルニューオータニや東急ホテルなどの一流ホテルが次々と開業。館内のレストランやバーでは外国人宿泊客に混じり、日本人の姿も増え、フランス料理やイタリア料理が一般にも広がりはじめていた。

鶴岡学園で調理師を養成するからには、自分の目でヨーロッパの食文化をたしかめておきたい。他大学トップとの交流機会にもなり、新太郎がはたせなかった渡欧の夢もかなえられる。校舎や体育館などの建設費を返済しなければならず、悠長にかまえていられる状況ではなかったが、融資を受けられたことできもちに余裕ができたトシは、学園の経営者ではなく、教育者の顔に戻っていた。

羽田空港を発ち、アンカレッジ経由の北回りルートでヨーロッパ入りした一行は、スウェーデン、デンマーク、オランダ、イギリス、西ドイツ（当時）、フランス、スイスを約1カ月かけ、バスや飛行機でめぐった。

ところが、トシは疲れてくると理由もいわずに、「わたくしは降りません」とだけいってバスに残った。「鶴岡先生は、興味がないのかな」と思いながら随行していたツアー団長は、宿泊先でトシの意外な一面に遭遇する。

トシは、ほかの参加者と相部屋だった宿泊先で、「身体が冷えやすいので、バスタブのある部屋にしてほしい」と、シャワーしかないようなプチホテルでも無理をいった。さらに、「寒いので、毛布をもう1枚用意していただけませんか」と頼んでいながら、窓を少し開けて寝る。トシは、学校の外では鶴岡学園のトップとしての顔をもち、VIP扱いに慣れている。団長はそんなトシを尊重し、無茶なリクエストにも快く応じた。

トシは、1968（昭和43）年と1969（昭和44）年の視察ツアーにも参加した。アメリカや旧ソビエト連邦も合わせると、13カ国にもおよぶ。

視察ツアーでは、教育の現状を見ながら、昼と夜は現地の有名レストランで食事をする。その合間に観光名所も訪ねた。内容盛りだくさんのツアーは、トシには有形無形（ゆうけいむけい）の財産となった。

その財産のひとつが、ツアーの団長と知り合ったことだった。

3度目のツアーから戻りしばらくたったある日、トシは上京して、団長と会食の約束をとりつけた。

お礼をいいたかったのだろうか？　いや、そうではない。団長を鶴岡学園の理事に迎えようという魂胆（こんたん）だった。

このころ、トシは学会や会合、新学部開設などで文部省や厚生省に出向くなど、1～2カ月に1度の割で上京していた。

定宿（じょうやど）は、東銀座の歌舞伎座に近い銀座東急ホテル。2001年に閉館したが、1960

（昭和35）年に開業した高級ホテルだった。この場所には、関東大震災で倒壊するまで、新太郎から聞き知った上野精養軒の本店、1872（明治5）年創業の精養軒ホテルがあった。

トシの招きで館内のレストランに案内された団長は、当時36歳だった。職業は旅行社の添乗員などではなく、日本私立短期大学協会事務局長。30歳で事務局長に就任した優秀な青年だった。

レストランでトシは、ブイヤベースを注文した。

「これは、地中海沿岸の料理です。わたくしは、ふだんは和食なのですが、ここに泊まったときは、必ずこのブイヤベースを注文するんですよ」

団長には初めての料理だった。仕事で政治家や実業家などと会食の機会が多い団長だったが、もっぱら料亭を利用していた。

「さあ、温かいうちに召し上がってください」と促され、団長はスープを口に運んだ。うまいッ！

「お口に合いますか？　わたくしも北海道に住んでおりますので、美味しいお魚を毎日いただいてますけど、ブイヤベースは、魚貝の出汁が絶妙ですね」

団長が美味しそうに食べているのを見て、トシはうれしかったのか、食事の席は視察旅行や食べ物の話題で盛り上がった。

「ところで、今日は団長にお願いがあります。単刀直入に申します。札幌に来て、うちの短大の面倒を見ていただけませんか？」

思いがけない話に、団長は目を丸くした。

「わたしは東京で仕事をしておりますし、兼任でほかの大学の理事もやっています。ありがたいお話ですが、北海道に行くつもりはまったくありません」

彼は、キッパリ断った。ところが、トシは上京のたびに団長を訪ね、とにかく一度、短大を見てほしいとくり返した。根負けした彼は、ついに首を縦に振った。もちろん、一度きりのつもりで。

鶴のひと声

1969（昭和44）年春、団長は千歳空港に降り立った。到着ロビーでトシが待っていた。

その日のようすを団長はこうふり返る。

「タクシーで短大まで行ったんですけど、驚いたね、車が1台通れるくらいの狭い山道を登るんだから。道路のまわりは草だらけだった。ひどいところに来ちゃった、すぐに帰ろうと思ったのだけど、たまたまその日は、高等学校の教員組合と団体交渉が予定されていた。2時半ころから団体交渉だというから、なんで、授業時間に団体交渉するんですかと鶴岡先生に聞いたら、組合の要望だからやむを得ませんという。そして、わたしに、団体交渉に出てくれといったんですよ」

理事ではないといってためらう団長に、トシは驚きのひと声を放った。

「いえ、今日からあなたは理事です」

団長は仰天（ぎょうてん）した。学校法人の理事を決めるには理事会で諮（はか）るのが常識だ。

「理事は、鶴岡先生がおひとりで決めるんですか？」

「ええ、わたくしの大学だから、けっこうです。あなたは今日から理事だから団体交渉をやってください」

トシは、北海道女子栄養学校を創設した当時と同じ感覚で、法人化後の鶴岡学園を運営していた。どうやら産みの親は愛情が深すぎて、栄養学校が親離れしていることをあまり意識していなかったようだ。しかし、こうして半ば（なか）強引に理事にさせられてしまった団長の登場で、トシも鶴岡学園も、その後、何度も窮地を救われることになる……。

予定では、団体交渉は2時半ころからはじまるはずだった。団長は、交渉をおこなう教室に早めに行き、執行委員が集まるのを待った。ところが、予定時間をすぎても、誰も姿を見せない。それから20分ほど待っただろうか、ようやく執行委員がぞろぞろと入ってきた。

「キミたちは時間を守れないのか！」

見たこともない男から突然怒鳴りつけられた執行委員の面々は、入り口で呆然（ぼうぜん）と立ち尽くした。

「約束の時間は何時だと思ってるんだッ？　こんなことで交渉なんかできるか。信頼関係がまったくないから帰れ～！」

怒鳴られて腹を立てたのか、執行委員の面々は本当に帰ってしまった。やはり、とんでもないところに来てしまったようだ。しかし、トシは何事もなかったかのように、「今度はいつ来てくれますか？」と、次の来校を期待した。

「ことわるつもりでいたのに、じゃあ、来月来ますよといわざるを得なかった」と、団長はふり返る。

翌月、団体交渉のために再びやってきた団長に、トシは名刺を渡した。

「鶴岡学園理事　鈴木武夫（すずきたけお）」

こうして鶴岡学園と関わりをもった鈴木武夫理事（当時）は、後に鶴岡学園理事長、北海道文教大学学長に就任する。

新聞代が払えない

鈴木にとって初めてとなる鶴岡学園での団体交渉は、彼の提案で授業後におこなわれた。生徒をそっちのけに、授業時間帯に団体交渉をおこなうなど、鈴木の常識ではあり得ないことだった。新太郎という大黒柱を失った学園は、経営陣と教職員のあいだに溝（みぞ）ができ、トシひとりでは背負（せお）いきれなくなっていたのだ。

執行委員の面々は給料の安さを訴え、賃金アップを要求した。たしかに、道立高校の給料よりずっと低い。彼らの要求はもっともだと同情しながらも、鶴岡学園全体の経営を考えなければならない立場だ。彼は要求額より低い額を提示して、妥協点を探った。

その日、理事会側の席にはトシも出席していた。しかし、最初にあいさつをしたきり、ひと言も口をはさまない。突然、グーグーと鼾が聞こえてきた。トシだった。熟睡しているのか、ビクともしない。すでに77歳。年齢を考えれば居眠りも仕方がないと、鈴木はトシにかまわず交渉をつづけた。

　ところが、組合側の要求に対して鈴木がうっかり、「そうですね」と同意するような言葉を口にした途端、「ええ〜ッ！」と、トシは声をあげた。そして間髪いれず、「いいえッ！」と交渉内容を否定したのである。学園内でいわれていた〝鶴のひと声〟だった。

　声の調子はおだやかでも、恰幅のよいトシが発する低音の〝鶴のひと声〟には迫力があった。その場にいた全員が呆気にとられた。

「おいおい、理事長はたぬき寝入りしてたのか？」

「もう年だしな、しかたないべ」

　執行委員の面々は、トシの顔色をうかがいながらささやき合った。だが、誰よりも驚いたのは鈴木だった。次もまた同じことがくり返されたのでは、交渉にならない。鈴木は、トシに団体交渉は自分に任せてほしいと伝え、以来、自分のペースで組合と向き合うようになった。

鈴木は、札幌グランドホテルを定宿にした。このホテルは、北海道女子栄養学校の開校時から卒業生のテーブルマナー講座や祝賀会で利用し、新太郎がひいきにしていた老舗ホテルだ。道庁赤レンガ庁舎のそばにあり、すすきのにも近い。鈴木は、すすきの界隈(かいわい)の居酒屋で食事をとり、執行部の面々を電話で呼び出しては〝飲みニケーション〟を重ねた。

やがて、鈴木と執行部の面々は気心が知れるようになり、いつしか団体交渉もかたちばかりになった。トシにしてみれば、大助かりだった。というのも、団体交渉をおえて南3条の本部事務所に戻って来ると、トシは決まって近所の内科にかけ込んでいたのだ。そうして、「浅見さん、血圧、なんともなかったわよ」と、当時事務員だった浅見晴江事務局長に声をかけていた。

「学校経営は金もうけではない。若い人たちがひとりでも多く立派な教養を修めて、道民のために明るい社会づくりの基になってもらいたい」

北海道女子栄養学校を設立した当初から、口ぐせのようにこう語っていたトシは、誰もが認める優れた教育者だった。しかし、学校運営の基盤となる肝腎(かんじん)の経営には疎い。鈴木を理事に迎えたころの鶴岡学園の経営状態は、新太郎が他界した直後と同様に、再び悪化していた。前出の浅見は、当時のようすをこう語る。

「就職して初めて南3条の本部に出勤したときは、佐々木シロミ先生がひとりで事務所にいらっしゃいました。佐々木先生は頬被りをして、石炭ストーブの煙突掃除をしていらした。煙突がすぐに詰まって、1週間に1回、掃除をしなきゃいけないので。その後、わたしも先生を手伝って煙突掃除をするようになりましたが、それが鶴岡学園での第一歩でした」

短大時代の恩師が、煙突の煤で顔を真っ黒にしているのを見た浅見は絶句した。ところが、それから3週間ほどすぎたある日、さらに衝撃を受ける。

「本部事務所にひとりでいたとき、新聞屋さんが集金に来たんですね。まだ金庫を預かっていなかったので、出直してくださいとお断りしたのですが、佐々木先生にご報告すると、じつは新聞代がないとおっしゃった。そうやって、新聞屋さんを何回か帰したことがありました」

就職直後からばつの悪い思いを味わった浅見は、いたたまれなくなり、中学校教員を定年後に再就職した、男性の庶務課長に相談した。すると、こんな答えが返ってきた。

「何人かの卒業生が来たけど、支払いもできないようなところにいたくないといってみんな辞めていったよ。あなたは辞めないほうがいい、卒業生なんだから、がんばりなさい」

浅見は結局、仕事をつづけた。けれども、驚くべき事実を知ってしまう。

「短大の建設は、大通に支店があった松村組さんがおこないましたが、トシ先生は学園の帳簿、実印、支払いの印鑑を全部、松村組さんに預けていたんです。支払いが滞ってそんなことになったのですが、小切手を切って取引先に支払いをするときは、小切手をもって松村組の会計課長さんを訪ね、銀行印を押してもらいました。2～3年たって、もう行かなくていいといわれたときには、肩の荷が下りたような気分でした」

帳簿と印鑑が鶴岡学園に戻ったのは、鈴木が松村組の会長にかけあった成果だった。経営手腕はなくても、トシの人を見る目は超一流だった。

功績の陰に和食生活あり

トシは理事長と校長を兼任しながら、学外では北海道栄養食糧学会理事、北海道栄養保健学会理事、北海道学校給食協会理事などを務め、函館大学を創設した学校法人野又学園の野又貞夫理事長、網走女子高等学校（現・北海道網走桂陽高等学校）の千葉七郎校長と3人で、道内私立学校の振興を目的に団体を立ち上げるなど、精力的に活動していた。

　こうした長年の功績が認められ、財務の立て直しが喫緊の課題になっていたちょうどそのころ、トシは次々と栄誉ある賞を受賞した。

　その最初が１９６７（昭和42）年11月の全国日本学士会「アカデミア賞」の受賞だった。翌月には、北海道私学教育功績者として北海道知事より表彰され、翌年4月には、春の叙勲で勲四等瑞宝章を受けた。

　トシはふだんから高級シルクや高級ウールで仕立てたスーツを着用し、お団子に結ったヘアスタイルで、身なりにはかなり気を配っていたが、叙勲伝達式には滅多に着ることのない留め袖を着て出席し、記念写真も残した。

『鶴岡学園　二十五年史』に寄せられた蛯子昌さんの手記から一部を抜粋し、晩年のトシの暮らしぶりを見たい。

日本のマリー・キュリー夫人

北海道栄養短期大学附属高等学校校長代理　蛯子 昌

鶴岡トシ先生は実践家であり、その食生活は玄米を主食とし、玄米のとぎ方、うるかし方、炊飯の温度、時間にいたるまですべて心得ていらっしゃるので、その玄米飯を所望したことがある。

先生は早速玄米飯を与えてくださいました。褐灰色の玄米特有の色彩であり、おいしそうな感じは全くなく、むしろ恐る恐る口に運びかみしめてみたのであるが、ねばりはないけれども柔かくこうばしく感じられた。

その他魚類、野菜類、果実類等についても十分考慮していらっしゃるし、獣肉は消化時間の関係と油脂中のコレステロールの関係から植物油脂で補っているようである。その他ビタミン類、有効微量成分についても十分考慮されているのには驚いている次第である。このような食事の毎日が何十年も続いているのであるから普通人ではなく超人といわざるを得ないとも思っている。

鶴岡トシ先生の日常と作法についてもわたくしは多々学ばなければならないことがある。先生とは毎朝同じ時間（午前八時十分ごろ）にお会いする。室に入ると必ず白衣を着用する。何年間も同じことを繰り返しているのであるが、時間厳守、無欠勤である。わたくしも意地になって時間厳守、無欠勤を継続しているのであるが無言のうちにしつけられているものと思っている。これだけであればまだしも教職員内の慶弔に対しては必ず御祝、御香典を〝ふくさ〟で包み両手を正しくそろえて、丁重なお言葉をちょうだいするのであるがこの動作は茶道から学びとられ、自然のうちに身についたものと思われる。

華道においては高等学校のクラブ活動、学校行事の際には必ずお花を〝いけ〟てくださるのである。冬期間においては、ぬるま湯を使用したり、花の種類により食塩を用いたり、更に必ず翌朝にはご自分で〝いけ〟られた花を再点検されるのである。

（中略）

非常に大きな問題、あるいは生徒に関する諸問題等に関し、自分自身で解決でき得ないような時には、必ず朝にお会いした時に神にお祈り致しましたと、簡単に一言話されるのが常である。

このような鶴岡トシ先生であるが、一面政治にも非常に関心をもっているようである。婦人も政治に関して、前向きの姿勢で参加すべきであるという考えも持っていることを聞かされたこともある。本年（昭和五十年）は国際婦人年でもあり、鶴岡トシ先生のお話をそのまま、記載するならば、戦後、鳩山内閣時代に鳩山薫子（かおるこ）夫人の依頼を受け、札幌市において自民党の婦人部を結成する運びになった時にそれを引き受け、一日で百五十余名の婦人を招集したとのことである。

その方法は茶会を催すということで、グランドホテルにお集まりいただいたとのことである。その結果はいうまでもなく、北海道の自民党婦人部長の地位につかれたことは当然なことである。（後略）

トシが70代になっても精力的に活動できたのは、やはり食生活に気を配っていたからだろう。

好物のマガレイを煮つけたり、焼いたりして毎日のように食べ、野菜の煮物や漬けもの、みそ汁、玄米ごはんが定番だった。食卓にのぼる唯一のご馳走は、筋子（すじこ）くらい。健康によいからと、すりおろしたニンジンを小丼1杯分、ピーナツ30粒も毎日、食べていた。

「鶴岡先生は東京に来るときも、必ず切ったキャベツを持参した。そして、やっぱり野菜を食べなきゃだめだといって、話をしているあいだも、小さく切ったキャベツをパリパリと食べていましたね」と、鈴木武夫理事長はなつかしそうにふり返る。

食にまつわるトシのエピソードは、ほかにもある。

「よそに行ったときは、いちばん高級なものを食べろというのが口癖（くちぐせ）でした。だから、東京に来ると決まって辻留に行った。わたしも呼ばれていっしょに食事をしましたけど、老舗の高級懐石料理店だけあって、評判どおり最高の食事でした」

トシはどこかで食事をすると、箸の空き袋に1万円札をしのばせて従業員に渡す習慣があった。感謝のしるしの〝心づけ〟である。こうした粋（いき）なふるまいも、一流好みもすべて新太郎仕込みだ。ふるまいまで似てしまったトシは、自らが数々の賞を受賞することで、功績を認められる前に旅立った新太郎の人生に、大輪の花を咲かせたのである。

〝栄養学校の母〟たち集まる

ところで、辻留東京店は、北海道文教大学の記念講堂の資料室に残る『辻留　庖丁控』の著者、辻嘉一が育てた店だ。新太郎が辻嘉一と交流があったのか定かではないが、トシが辻留をひいきにしていたのも、やはり彼の影響なのだろう。

前出の蛯子昌の手記に、鳩山薫（薫子）共立女子学園理事長との交友が記されている。トシの人脈の広さがわかるエピソードだが、女子栄養大学の香川綾（かがわあや）や中村学園の中村（なかむら）ハル、郡山女子大学の関口富左（せきぐちふさ）などとも親しく、栄養学校の母とも呼べる同志たちが辻留に集まることがあった。

「鶴岡先生たちは辻留の料理を食べて、味をみてということをやっていました。だから、舌が肥えていた。短大や調理学校の学生があんまり変なものをつくると、みんな叱られておった」と、鈴木武夫理事長はふり返る。

トシの東京でのエピソードには、人柄が垣間見えるこんな出来事もある。鈴木理事長の話をつづけよう。

「鶴岡先生が親しくしていた人たちのなかには、東京で調理をやっている先生も何人かいました。あるとき、その人を呼んで食事をしようということになり、赤坂の東急ホテルの公衆電話から電話をしたんですよ。そのとき、公衆電話に財布を置き忘れた。そのあと、ぼくがよく使っていた築地の料亭に行き、鶴岡先生はお金を払おうというときになって、財布を置き忘れたことに気づいたんです」

ふたりは、すぐ東急ホテルに戻った。

「公衆電話のところに、お財布の忘れ物はありませんでしたか?」

フロントでこう尋ねた鈴木は、ホテルスタッフに財布の中身を問われた。これはトシに聞くしかない。

「鶴岡先生、お財布にいくら入ってたんですか？　2万円ですか、3万円ですか？」

「ええ、そのくらい……」

鈴木は聞いたままをフロントに伝えた。

「お客さま、その額でおまちがえございませんか？」

「本人がそういってるのだから、まちがってないでしょう」

「はあ、でも、思いちがいということもあるかと……」

ホテルスタッフは、ふたりを疑っていた。それを察した鈴木は、もう一度、トシに金額を確認した。

「鶴岡先生、本当に2、3万だったんですか？」

「う～ん、もうちょっと入ってたかもしれない」

ノラリクラリの返事に、さすがの鈴木もはぐらかされているような気分になってきた。イラついた口調で、「鶴岡先生、5万円ですか、10万円くらいですか？」と聞き返すと、トシは申し訳なさそうにうなずいた。

このやりとりを見ていたホテルスタッフは、トシが落とし主だと確信したらしく、鈴木にこう応じた。

トシは、園長を務める附属幼稚園の園児たちに慕われていた

「お客さまがおっしゃっている金額とはちがいますが、100万円ではございませんか?」

呆気(あっけ)にとられる鈴木の後ろで、「あら、そんなにありましたかね」と、トシは涼しい顔で財布を受け取った。

この一件で、鈴木はトシが旅行に出る際、新札で100万円ほど持ち歩いていることを知った。消費者物価指数をもとに現在の金額に換算すると310~320万円に相当する。国産の大衆車が余裕で買える金額だった。

クレジットカードやスマホで支払いができるキャッシュレス時代を迎えるのは、もっと先のことだ。そして、このころにはまだ、トシが実践(じっせん)してきた野菜たっぷりの食生活の重要性も、一般には認識されていなかった。

8畳ひと間、清貧な晩年

晩年になると、冷え性だったトシは灸をすえて血行改善に努めていた。当時のようすを前出の浅見はこう話す。

「鶴岡先生は、毎朝早く藤の沢の校舎に向かい、11時すぎに戻ってくると、南3条の本部から歩いて20分くらいのところにあった評判のお灸屋さんに通っていました」

そのころ、調理実習のしたくを手伝うなど雑用も業務の一部だった浅見は、鍼灸院の順番待ちも引き受けていた。しかし、祖母ほどに年が離れたトシの〝健康対策〟には、目を白黒させることもあった。真夏でも、ガーゼにくるんだ真綿をクビの周りにかけていたのだ。

「こんなに暑いんだけど不思議でしょ、汗を流すのが健康の秘訣なのよ、オホホホホ」

トシは、笑ってその場をとりつくろったが、元気そうにふるまっていても、80歳を迎えたあたりから体力の衰えが目立つようになっていた。ただ、人知れず自宅でストレッチや筋トレでもおこなっていたのか、足腰は丈夫だった。もっとも、その自宅は南3条の本部事務所にあったのだが……。

　北海道栄養学校時代の北校舎建設、鶴岡学園の設立、藤の沢女子高等学校の校舎建設、さらには北海道栄養短期大学の設立など、鶴岡夫妻はその都度、私財を投じてきた。そのため、北校舎の完成にともない南3条の校舎を本部事務所として使用するようになってからは、建物1階にあった8畳間で暮らすようになっていた。

　ふすま1枚で隔てられた小さな土間に流し台がひとつ。その奥には石炭釜の風呂場がある。輝かしい実績とは裏腹に、驚くほど簡素な住まいだった。新太郎が他界すると、トシはこの8畳間で、お手伝いの女性と寝起きしていた。

　家具といえば桐の和箪笥、茶箪笥（食器棚）、一面鏡、座卓、小さな腰かけテーブルがあるきりで、押し入れもない。朝起きると布団を畳んで壁際にまとめ、立てかけておいた座卓を取り出して使う。食器もごはん茶碗と汁椀、小鉢と皿が数枚しかなく、台所のガス器具も戦前から出回っていた鋳物製のコンロが1台あるだけで、当時すでに普及していた冷蔵庫は調理実習室のものを利用し、ごはんは文化鍋で炊いていた。

　こうした質素な暮らしぶりを知るのは、本部事務所で仕事をしていた数人の職員だけで、

鶴岡記念講堂1階にある鶴岡先生史料室に展示されたトシの家財道具

藤の沢の校舎で働く教職員は誰も知らなかった。

「わたしが初めて短大を訪ねたとき、鶴岡先生は用意していたタクシーを千歳空港から直接、藤の沢へ向かわせて、帰りもグランドホテルまで直行して、南3条の本部には案内されなかった。いまにして思うと、本部の建物は古くて汚いところだったから見せたくなかったのでしょうな」と、鈴木はふり返る。

しかし、そんな質素な生活を嘆くわけでもなく、トシは新太郎が生前に掲げた4年制大学の設立に意欲を見せた。

「大学があるといいねぇ、大学がほしいいね」

鈴木の前でトシは、しょっちゅう大学設立の夢を口にした。そうして、藻岩山（もいわやま）の裾（すそ）を流れる豊平川（とよひらがわ）沿いの一角に土地を見つけ、大学設立の準備を進めた。

ところが、これには理事のひとりに名をつらねていたトシの甥(おい)が猛反対した。おそらく、80歳をすぎたトシの年齢を考えてのことだったのだろう。すでに、戦前から鶴岡夫妻を助けてきた人たちは引退している。鬼籍(きせき)にはいった人もいた。なによりトシ自身も風邪で寝込む回数が増えていた。しかも、鈴木の尽力で、ようやく借金を返済しおえたというのに、大学設立など無謀(むぼう)すぎる。トシは、大学設立をあきらめた。

空へ

大学設立の夢を断たれたトシは、老いが目立つようになった。親子ほど年が離れている鈴木は、そんなトシを見るのがしのびなく、他大学の理事長が乗っていた高級車を見て、「あんな車に乗りたいわねぇ」と、トシが漏らすと、同じ車種のセンチュリーを理事長専用車として用意するなど、ささやかな望みに応えた。

「晩年の鶴岡先生は、ちょっと体調をくずしただけでも故郷の新潟県巻町に戻り、甥っ子さんの奥さんが勧めていた病院にはいっていました。運転手とセンチュリーだけ船で新潟に向かわせて、鶴岡先生を千歳空港まで見送ったこともありましたよ」と鈴木は語る。

戦後のあるとき、トシはこう語ったことがあった。

「わたくしは郷里を離れ、この異郷の北海道にあって、さみしくてたまらないことが何度もありました。そのときじっとこらえることができたのは、クリスチャンとして毎日聖書を読み、聖書のことばを信じて祈りを求めつづけたことと、春夏秋冬四季折々の生花をさしては趣味に生きることができたからです。そして、とうとう20年も郷里の土を踏まずに仕事にははげんできました」

トシは体力の衰えを感じるようになり、故郷への思いをつのらせていったのだろう。

1975(昭和50)年10月、女子教育の振興、食改善の普及に貢献した功績により「北海道開発功労賞」の受賞を知らせる一報が鶴岡学園に届いた。このときも、トシは風邪をこじらせて巻町の病院にいた。

「あのときは、わたしが新潟の病院まで行って、功労賞をもらえるようになりましたからと報告しました。すると、鶴岡先生は感激しちゃって飛び起きた。うれしかったんだろうね。風邪なんかすぐ治っちゃって、授賞式に間に合うように退院して、札幌に飛んで帰っ

て来ましたよ。それからまた元気になって、仕事をしていましたね」（鈴木理事長）

このころ世間では、長く北海道経済を牽引してきた炭鉱の閉山が相次ぎ、２００海里漁業規制の施行を控え、水産業界も揺れに揺れていた。さらに、酪農王国として全国的に知られるようになっていたなかで、乳価の低迷と多額の借金で離農する酪農家があらわれ、北海道は産業構造の変化に対応しきれない状態にあった。

むろん、朗報もあった。

まずいと不評だった北海道産の米が品種改良で品質が向上し、米どころの空知地方や上川地方は勢いをつけていた。国の減反政策などで農業も揺れてはいたが、食品流通の発達で、家庭の食卓もバラエティ豊かになっていた。

そのいっぽうでは、女性ファッション誌の影響を受けた「アンノン族」と呼ばれる若い女性観光客が急増。１９７７（昭和52）年には、高倉健と倍賞千恵子が主演した山田洋次監督作品『幸福の黄色いハンカチ』が大ヒットして、北海道には観光という新たな産業が拓かれようとしていた。

食生活も暮らしも豊かになり、北海道女子栄養学校を創設したころ夢見た時代をトシも素直に受け入れ、思う存分すごしてきた。

けれども、世間では栄養失調に代わり、飽食と運動不足による「成人病（生活習慣病）」が新たな健康問題として浮上していた。

「栄養のことを知らない人は、まだまだたくさんいる。国民が健康でなければ、家庭の幸せも、日本の繁栄も望めない。美味しくて健康的な家庭料理を説いた新太郎さんの役目はおわっていない。いえ、これからますます重要になるでしょう。栄養学も医学も進歩して、短大の講義だけでは栄養の専門家とはいえない時代になったのだから、やはり4年制大学をつくらなければ、新太郎さんや江原先生たちに申し訳ない……」

トシが大学の設立を切望したのも、社会状況を踏まえてのことだった。だが、設立しないと公言した以上、もう口にはできない。それでも、トシは大学設立の夢を心のなかでふくらませていた。そんな胸の内を察していたのは、学園の建て直しに奔走し、トシを助けてきた鈴木と浅見だけだった。

1978（昭和53）年6月1日、大きなおなかを抱えて南3条の本部に出勤していた浅見は、翌日からの産休にそなえて事務仕事を片づけていた。事務所にはトシもいた。愛用のイスに腰かけながら、健康のためといって使っていた足温器で足裏を温めながら聖書を読んでいた。どことなく元気がない。ほうじ茶を用意すると、トシはうれしそうに顔を上げて、ほほえんだ。

「浅見さん、ありがとう。わたくし、ちょっと風邪を引いてしまったみたい」

浅見はトシの笑顔を見ると、いつも心が和(なご)んだ。この日も、ニコニコとやさしい笑顔だった。

それから4日後、浅見は女の子を出産した。妊娠がわかったとき、仕事を優先しようとあきらめかけた命が、トシのひと言で元気な産声をあげた。産んでよかった。浅見は心底そう思った……。

「あなた、ちょっと、こちらにいらっしゃい」

仕事に追われ、長男のランドセル姿もろくに見たことがなかった浅見は、妊娠がわかったとき、産む決心がつかず、上司の佐々木シロミに相談した。その話はすぐにトシに伝わった。

仕事中にトシに呼ばれ、浅見はミスでもしでかしたかとビクビクしながら理事長席の前に立った。トシは、浅見の目をじっと見つめ、それから口を開いた。

「浅見さん、シロミ先生から聞きましたよ、おめでたですってね。いいですか、せっかく恵まれた子を始末しようなんて、そんなことを考えちゃいけませんよ！」

トシは、浅見を諭した。浅見は、思いがけないことばに立ち尽くすばかりだった……。

「産休が空けたら、鶴岡先生にも会わせなくちゃ」

無事に退院した浅見は、寝不足に悩まされながらも、育児に追われる毎日に幸せをかみしめていた。けれども、そのころトシは札幌市内にある天使病院にいた。

7月30日、浅見のもとにトシの重態を知らせる電話が入った。

8月3日、トシは旅立った。享年86。

新太郎と教え子たちとキリスト教に支えられながら、大樹のように生きた人生だった。

＊

2017年8月盆の入り、鈴木理事長と浅見事務局長は新潟市の巻町にある鶴岡家の墓前にいた。

トシの実家の菩提寺は、檀家の数も減ってしまったとみえて、以前訪れたときよりいっそう静かだった。鶴岡家の墓石の裏で、古木が重たそうに枝葉を広げている。暑い日だった。蟬時雨も生ぬるい空気に溶け込んでいる。鈴木理事長と浅見事務局長は、鶴岡学園創設75周年記念式典を6月３日におえ、記念講堂も完成したことを報告した。

「鶴岡先生が生きておったら、きっと喜んだだろうねぇ」

「そうですね、あのニコニコ笑顔がクシャクシャになるくらいに」

ふたりの会話に割ってはいるようにサーッと風が吹いた。一度きり。そうしてあたりはまた、蟬の声だけになった。

遠くの空でゴーッというジェット音が響いていた。

札幌へ向かう飛行機だろうか。

鶴岡新太郎、トシ夫妻が北海道で歩きはじめてからおよそ１００年。新天地に人生をかけたふたりの情熱は未来への贈り物だ。今日は明日へとつながっていく。ふたりは、そう信じて旅立ったにちがいない。

年表　鶴岡夫妻・鶴岡学園史

年	月日	事項
一八八六（明治19）	1月5日	鶴岡新太郎：東京府・深川区で生まれる
一八九二（明治25）	7月11日	髙橋トシ：新潟県・西蒲原郡巻町で生まれる
一九〇一（明治34）		新太郎：文友塾中等科入学
一九〇四（明治37）		新太郎：文友塾中等科を修業、明治大学法科進学
一九〇六（明治39）		新太郎：明治大学中退
一九〇八（明治41）		トシ：新潟県立高等女学校卒業、南蒲原郡田上村保明小学校の代用教員になる
一九〇九（明治42）		トシ：小学校の裁縫の専科正教員の資格取得。南蒲原郡田上村保明小学校の訓導（教師）になる
一九一五（大正4）		トシ：新潟県西蒲原郡矢作小学校訓導（教師）になる
一九一六（大正5）〜		新太郎：チリ領事館、ドイツ人ハンセン家にて調理に従事
一九一七（大正6）		
一九一七（大正6）〜 一九一八（大正7）		新太郎：スペイン公使館、ロシア人アレキサンダ家、フランス人セフエール家にて調理に従事
		トシ：札幌へ移住
一九一九（大正8）		新太郎：札幌へ移住 北海道庁内務部勧業課嘱託、農事指導に従事

年	月	事項
一九二〇（大正9）	1月	鶴岡新太郎と高橋トシ結婚
一九二一（大正10）		新太郎：日本赤十字社篤志看護婦人会新潟支部、陸海軍将校婦人会高田支部にて講師として招聘。生活改善講習会講師
一九二二（大正11）		新太郎：食糧改良講師
一九二三（大正12）		新太郎：『和洋新家庭料理』を日本女子割烹講習会より出版
一九二五（大正14）～		新太郎：旭川市立北都高等女学校割烹教師
一九二七（昭和2）		新太郎：『カード式家庭料理法（全）』を日本女子割烹講習会より出版
一九二八（昭和3）		トシ：千葉県の日本三育女学院にてキリスト教を学ぶ
一九二九（昭和4）		新太郎：『料理教科書（西洋料理編）』を目黒書店より発行
一九三〇（昭和5）		新太郎：女子師範学校、高等女学校用『現代料理教本』を東京開成館より発行
一九三二（昭和7）		新太郎：昭和七年度　母講座講師（文部省嘱託）
一九三五（昭和10）		新太郎：文部省主催公民教育講習会を受講、所定学科修了
一九三五（昭和10）～一九三八（昭和13）		新太郎：北海道庁立江別高等女学校家事科教授
一九三七（昭和12）		トシ：私立成徳女学校家事科教員を嘱託される トシ：華道池坊宗家の教授職の資格を授与（以後、上位資格を授与される） トシ：華道小原流家元小原光雲宗匠より家元教授の資格を授与（以後、上位資格を授与される） 新太郎：文部省公民教育講習会受講、所定学科修了

年	月日	事項
一九三八（昭和13）〜		新太郎：北海道帝国大学にて応用菌学、食品化学を修了
一九三九（昭和14）		
一九四〇（昭和15）		トシ：私立成徳女学校家事科教員退職
一九四二（昭和17）	2月10日	北海道女子栄養学校の設立申請を提出
	6月8日	北海道女子栄養学校設置認可、トシ、校長に就任
		1期生7名入学（後に3名編入）
一九四三（昭和18）	4月	2期生32名入学
一九四四（昭和19）	4月	3期生56名入学
一九四五（昭和20）	2月	トシと3期生30名が1カ月間「琵琶湖干拓事業」へ
	4月	4期生37名入学
		北海道女子栄養学校が「私立栄養士養成所指定規則」により厚生大臣の指定を受ける
	8月15日	終戦
	12月	北海道女子栄養学校、授業再開
一九四六（昭和21）	4月	5期生44名入学
		トシ：第1回世界栄養士大会で講演
一九四七（昭和22）	4月	6期生22名入学
		改正「栄養士法」により再指定を受ける
		「北海道栄養学校」と改称
		トシ：校長に就任

年	月	事項
一九四八（昭和23）	4月	7期生5名入学
一九四九（昭和24）	4月	8期生13名入学
		法律改正で北海道栄養学校の修業年数2年になる
一九五〇（昭和25）		9期生6名入学
一九五一（昭和26）		10期生12名入学
		トシ：札幌市議会選挙に出る
一九五二（昭和27）		11期生19名入学
一九五三（昭和28）		12期生38名入学
		10月「準学校法人鶴岡学園」設立申請
		トシ：華道小原流札幌支部長に就任（1957年まで）
一九五四（昭和29）	4月	13期生57名入学
		北海道栄養学校北校舎完成
		南3条西7丁目の校舎は、本部事務所として利用
		北海道栄養学校の募集定員を100名に増員
一九五五（昭和30）	4月	14期生57名入学
一九五六（昭和31）	4月	15期生60名入学
一九五七（昭和32）	4月	16期生42名入学

年	月	事項
一九五八（昭和33）	4月	17期生60名入学
		「藤の沢女子高等学校」校舎建設着工
		トシ：社団法人全国学校栄養士養成施設協会常任理事に就任
	11月	学校法人「鶴岡学園」設立申請
一九五九（昭和34）	1月	学校法人「鶴岡学園」設立認可
		鶴岡新太郎初代理事長就任
	4月	18期生41名入学　「学校法人鶴岡学園　藤の沢女子高等学校」（定員250名）開校
		江原玄治郎藤の沢女子高等学校校長就任
一九六〇（昭和35）	4月	19期生83名入学
	8月	北海道栄養学校に調理師養成課程（夜間部、定員40名）を増設。厚生大臣より調理士養成施設として指定認可を受ける。10月開校、1期生18名入学
一九六一（昭和36）	4月	20期生47名入学
		新太郎：『料理法百たい（1）』を出版
	12月	江原玄治郎藤の沢女子高等学校校長逝去
		宮田新一第2代藤の沢女子高等学校校長就任
一九六二（昭和37）	4月	21期生71名入学

年	月	事項
一九六三（昭和38）	1月	北海道栄養学校・本科が「北海道栄養短期大学」（食物栄養科）に昇格（定員50名）
	4月	トシ：学長に就任 北海道栄養短期大学入学式、開学記念式典挙行　128名入学
	12月20日	新太郎：逝去 鶴岡トシ第2代鶴岡学園理事長就任
一九六四（昭和39）	4月	北海道栄養学校調理師養成課程を「北海道調理師学校」と改称
	9月	トシ：スウェーデン、デンマーク、オランダ、イギリス、旧西ドイツ、フランス、スイスの教育現場を視察
一九六五（昭和40）	4月	北海道栄養短期大学に別科（調理専修／修業年限1年／定員50名）を増設 食物栄養科の定員を100名に増員 鶴岡トシ第3代藤の沢女子高等学校校長就任
一九六六（昭和41）	4月	藤の沢女子高等学校を「北海道栄養短期大学附属高等学校」と改称。食物科を増設（定員50名） 北海道栄養短期大学に家政科増設（定員50名）、食物栄養科入学定員を150名に増員 トシ：北海道栄養保健学会理事に就任
一九六七（昭和42）	4月	トシ：社団法人全国日本学士会特別会員
	8月	トシ：社団法人全国日本学士会名誉会員
	11月	トシ：社団法人全国日本学士会「アカデミア賞」受賞、同・理事に就任
	12月	トシ：北海道私立学校教育功績者賞受賞

年	月	事項
一九六八(昭和43)	4月	トシ:春の叙勲で勲四等瑞宝章を受ける 北海道栄養短期大学に幼児教育科増設(定員50名)、食物栄養科入学定員200名に増員
一九六八(昭和43)	6月	学校法人「鶴岡学園」創立25周年記念式典
	7月	トシ:イタリア、スイス、旧西ドイツ、オランダ、ベルギー、フランス、イギリス、アメリカの教育状況を視察
一九六九(昭和44)	7月	トシ:旧ソ連、デンマーク、旧西ドイツ、旧東ドイツ、イタリア、スペイン、スイス、フランス、イギリス、アメリカの教育状況を視察
一九七〇(昭和45)	4月	北海道栄養短期大学附属幼稚園設立 鶴岡トシ初代園長
一九七二(昭和47)	6月	トシ:米国イリノイ州スプリングフィールド・トリニティ大学より栄養学博士の学位授与
	10月	トシ:北海道栄養食糧学会より学会賞受賞
一九七五(昭和50)	4月	トシ:米国マサチューセッツ州エマーソン大学より研究審議会員に選任される
	10月	トシ:女子教育の振興、食生活改善の普及に貢献した功績により、「北海道開発功労賞」を受賞
一九七七(昭和52)	10月	北海道栄養短期大学校舎増設第一期工事竣工

年	月日	事項
一九七八（昭和53）	8月3日	トシ：入院先の天使病院で逝去
		高杉年雄第3代鶴岡学園理事長兼第2代北海道栄養短期大学学長
		高杉年雄第4代北海道栄養短期大学附属高等学校校長
	9月	寺井信一第2代北海道栄養短期大学附属幼稚園園長
一九七九（昭和54）	4月	北海道栄養短期大学学科変更（食物栄養学科・家政学科・幼児教育学科）
		伊藤薫第5代北海道栄養短期大学附属高等学校校長
	10月	学校法人「鶴岡学園」総合記念式典（短大新校舎落成、高校創立20周年、幼稚園創立10周年、調理師学校創立20周年）
一九八〇（昭和55）	4月	有末四郎第3代北海道栄養短期大学学長
一九八一（昭和56）	2月	佐々木シロミ第3代北海道栄養短期大学附属幼稚園園長
	4月	北海道栄養短期大学に専攻科（食物専攻／定員30名）増設
一九八二（昭和57）	4月	「北海道菓子専門学校」（札幌市南区川沿／定員125名）を設立
一九八三（昭和58）	4月	北海道栄養短期大学家政学科定員100名に増員
		北海道栄養短期大学附属幼稚園で、英語教育のためにネイティブの講師による「英語あそび」を導入
	7月	鶴岡学園と恵庭市が「北海道栄養大学等の誘致関する協定書」調印
一九八四（昭和59）	4月	佐々木シロミ第4代鶴岡学園理事長
	11月	北海道栄養大学（仮称）建設のため、恵庭市と土地売買契約調印

年	月	事項
一九八五（昭和60）	4月	北海道栄養短期大学幼児教育学科定員100名に増員 北海道調理師学校を「札幌調理技術専門学校」と改称 北海道菓子専門学校を「札幌製菓技術専門学校」と改称し、通信教育講座を設定
	10月	小沢洸子第4代北海道栄養短期大学附属幼稚園園長
一九八六（昭和61）	4月	北海道栄養短期大学家政学科に「生活文化コース」「服飾デザインコース」「秘書ビジネスコース」を設定
	5月	北海道栄養短期大学卓球部、春季全道学生大会で団体・シングルス優勝
一九八七（昭和62）	4月	今井陽第4代北海道栄養短期大学学長
	12月	「北海道栄養短期大学食物栄養学科の位置の変更について」届出。翌1988（昭和63）年3月29日付で、文部省高等教育局長より受理される
一九八八（昭和63）	4月	北海道栄養短期大学食物栄養学科・専攻科・別科が恵庭市黄金町196番地1へ移転、開学する 北海道栄養短期大学附属高等学校を「札幌明清高等学校」と改称し、男女共学、普通科3コース制設定。普通科臨時定員増10名（普通科入学定員260名、終期平成3年度） 北海道栄養短期大学家政学科を「生活文化学科」と改称

年	月	事項
一九八九（昭和64／平成1）	4月	札幌調理技術専門学校を昼間課程に変更
		塚原春樹第6代札幌明清高等学校校長
一九九〇（平成2）	4月	北海道栄養短期大学生活文化学科非常勤講師ピーター・フィルコラ（カナダ・トロント大学出身）の「英会話」「プラクティカル・イングリッシュ」の効果が評判をよぶ
一九九一（平成3）	4月	北海道栄養短期大学生活文化学科臨時定員増50名（入学定員100名）認可（終期平成12年3月31日）、「情報文化コース」増設
一九九二（平成4）	4月	井上哲明第7代札幌明清高等学校校長
	6月	札幌明清高等学校女子サッカー部「第1回全道高等学校女子サッカー大会」で優勝。以後20年連続全国大会出場
	9月	学校法人「鶴岡学園」創立50周年記念式典
一九九三（平成5）	3月	「北海道文教大学」開学に向け、鶴岡学園の学校運営を見直し、札幌調理技術専門学校、札幌製菓技術専門学校を閉校する
	4月	古瀬卓男第5代北海道栄養短期大学学長
		札幌明清高等学校新校舎完成

年	月	事項
一九九四(平成6)	4月	北海道栄養短期大学を「北海道文教短期大学」と改称 北海道栄養短期大学附属幼稚園を「北海道文教短期大学附属幼稚園」と改称
	5月	塚原春樹第8代札幌明清高等学校校長 伊藤雅夫第5代鶴岡学園理事長
	7月	佐々木シロミ第6代鶴岡学園理事長
一九九五(平成7)	4月	浅川修二第6代北海道文教短期大学学長 遠藤俊一第9代札幌明清高等学校校長
一九九六(平成8)	8月	札幌明清高等学校女子サッカー部「第5回全日本高等学校女子サッカー選手権大会」でベスト8進出 鶴岡学園理事会において、北海道文教大学外国語学部に「英米語学科」「中国語学科」に加えて、「日本語学科」の設置を確認
一九九七(平成9)	6月	鶴岡学園と恵庭市及び恵庭振興公社のあいだで、「(仮称)北海道文教大学の設置に関わる協定書」に調印し、1999(平成11)年4月の開学を確認
一九九八(平成10)	8月	札幌明清高等学校女子サッカー部「第7回全日本高等学校女子サッカー選手権大会」でベスト8進出
	12月	北海道文教大学施設(2号館、3号館、図書館、体育館、大学会館等)竣工

年	月	事項
一九九九（平成11）	4月	北海道文教大学開学 外国語学部に英米語学科・中国語学科・日本語学科（各定員50名）設置 高橋萬右衛門北海道文教大学初代学長 後藤敬第10代札幌明清高等学校校長 川越守第5代北海道文教短期大学附属幼稚園園長
二〇〇〇（平成12）	4月	北海道文教大学外国語学部英米語学科入学定員100名に増員 鈴木武夫第7代鶴岡学園理事長 浅川修二第2代北海道文教大学学長 札幌明清高等学校を「北海道文教大学明清高等学校」と改称
二〇〇一（平成13）	3月	北海道文教短期大学生活文化学科を廃止 鈴木武夫第7代北海道文教短期大学学長
二〇〇二（平成14）	4月	北海道文教短期大学を「北海道文教大学短期大学部」と改称 鈴木武夫第3代北海道文教大学学長 小田進一第6代北海道文教短期大学附属幼稚園園長
	10月	学校法人「鶴岡学園」創立60周年記念式典
二〇〇三（平成15）	4月	北海道文教大学に、「人間科学部・健康栄養学科」（入学定員150名）、「大学院・グローバルコミュニケーション研究科・中国語コミュニケーション専攻」（定員5名）設置

年	月	事項
二〇〇四（平成16）	4月	「別科（調理専修）」を北海道文教大学短期大学部から北海道文教大学に設置換え
		北海道文教大学に「留学生別科」を設置
		中村至第11代北海道文教大学明清高等学校校長
	8月	北海道文教大学明清高等学校女子サッカー部「第13回全日本高等学校女子サッカー選手権大会」で3位入賞
二〇〇五（平成17）	3月	北海道文教大学短期大学部食物栄養学科を廃止
		北海道文教大学明清高等学校女子サッカー部が「財団法人北海道サッカー協会奨励賞」受賞
二〇〇六（平成18）	4月	北海道文教大学人間科学部理学療法学科（定員80名）設置
		北海道文教大学外国語学部各学科の名称と定員を変更。英米語コミュニケーション学科（定員50名）、中国語コミュニケーション学科（定員40名）、日本語コミュニケーション学科（定員50名）。北海道文教大学短期大学部幼児教育学科を「幼児保育学科」と改称し、定員１４０名に増員
二〇〇七（平成19）	3月	北海道文教大学別科（調理専修）を廃止
	4月	北海道文教大学人間科学部作業療法学科（定員40名）設置
二〇〇八（平成20）	4月	北海道文教大学人間科学部看護学科（定員80名）設置
	6月	学校法人「鶴岡学園」創立65周年記念式典
	7月	北海道文教大学外国語学部学生が第34回先進国首脳会議（洞爺湖サミット）の通訳ボランティアとして活躍

年	月	事項
二〇〇九（平成21）	4月	北海道文教大学短期大学部幼児保育学科の定員を80名に変更
二〇一〇（平成22）	4月	北海道文教大学人間科学部こども発達学科（定員80名）を設置 北海道文教大学外国語学部の3学科を「国際言語学科」（定員100名）に統合、名称変更
二〇一一（平成23）	3月	北海道文教大学短期大学部を廃止 北海道文教短期大学附属幼稚園を「北海道文教大学附属幼稚園」と改称
	7月	北海道文教大学明清高等学校出身者が、「なでしこジャパン」メンバーとしてFIFA女子ワールドカップに出場し、優勝。国民栄誉賞ならびに道民栄誉賞を受賞
二〇一二（平成24）	4月	北海道文教大学明清高等学校が旧短大校舎へ改築移転
	6月	学校法人「鶴岡学園」創立70周年記念式典
二〇一三（平成25）	3月	北海道文教大学外国語学部中国語コミュニケーション学科廃止
二〇一四（平成26）	2月	北海道文教大学健康栄養学科学生、ソチ冬季五輪女子アイスホッケー代表出場
	4月	北海道文教大学人間科学部こども発達学科の定員を100名に変更
二〇一五（平成27）	4月	北海道文教大学大学院「健康栄養科学研究科健康栄養科学専攻」（修士課程）設置
二〇一六（平成28）	11月	北海道文教大学鶴岡記念講堂大ホール・多目的棟工事竣工

二〇一七（平成29）	4月	北海道文教大学大学院「リハビリテーション科学研究科リハビリテーション科学専攻」（修士課程）、「こども発達学研究科こども発達学専攻」（修士課程）を設置
	6月	学校法人「鶴岡学園」創立75周年記念式典
二〇一八（平成30）	4月	渡部俊弘第4代北海道文教大学学長
	12月	北海道文教大学×ルフナ大学（スリランカ）学術交流協定調印記念特別講演会開催

●飯田 晏久：事業実施の立場から北海道開拓の歴史から見る農村計画，農村計画学会誌，19巻4号，p.311-317，2001
●永島剛：大正期日本における感染症の突発的流行―発疹チフス1914年，三田学会誌（Keio Journal of economics）.Vol.99，No3（2006.10），p393（41）-412（60），2006
●島尾忠男：わが国の結核対策の現状と課題（2）「結核対策のフレームワーク」，日本公衆衛生雑誌，第55巻，第10号，p.729-732，2008
●大矢幸久：昭和戦前期の東京郊外における都市化と景観表象―馬込文士村を事例にして（論説），学芸地理，（73）p.16-31，東京学芸大学地理学会，2017
http://ir.u-gakugei.ac.jp/bitstream/2309/149291
●眞嶋亜有：肉食という近代―明治期日本における食肉軍事需要と肉食観の特徴―，国際基督教大学学報3－A，アジア文化研究別冊（11），p.213-230，2002
●秋岡伸彦：東京農大ものがたり（85）　伊庭想太郎編（5），新・実学ジャーナル，p.8-9，東京農業大学，2011
●「生活難問題」：大阪朝日新聞1912年7月10日
●国土交通省北海道開発局札幌開発建設部ホームページ
●明治43年頃―洪水実績1【札幌開発建設部】治水100年，https://www.hkd.mlit.go.jp/sp/kasen_keikaku/e9fjd60000000afo.html
●北海道庁ホームページ：北海道農業の歴史
http://www.pref.hokkaido.lg.jp/ns/nsi/nouseihp/topics/agrihistory.htm
●北海道庁ホームページ：北海道デジタル図鑑　100の物語［歴史］
http://www.pref.hokkaido.lg.jp/ss/tkk/zukan/story/02/index.htm
●函館市地域史料アーカイブ
https：//trc-adeac.trc.co.jp/WJ11C0/WJJS02U/0120205100
●七飯町史年表（天文1年～平成12年12月）：七飯町ホームページ
http：//www.town.nanae.hokkaido.jp/hotnews/category/271.html
●農林水産省「都道府県別食糧自給率の推移」（カロリーベース）

【参考文献】

●「日本の食生活全集　北海道」編集委員会編集：『聞き書　北海道の食事』（日本の食生活全集），農山漁村文化協会刊，1986

●萩中美枝，藤村久和，村木美幸，畑井 朝子，古原敏弘:『聞き書 アイヌの食事』（日本の食生活全集），農山漁村文化協会，1992

●『乙女たちの歩み～新潟の女学校と女学生～』新潟市歴史博物館編・刊，2017

●新潟高女の同窓会誌『呉竹』12号，昭和2年

●北海タイムス社編『北海タイムス年鑑　昭和16年、17年版』，1941

●藤原辰史：『給食の歴史』，岩波新書，2018

●武田 尚子：『ミルクと日本人――近代社会の「元気の源」』中公新書，2017

●札幌市選挙管理委員会編『札幌の選挙―120年のあゆみ―』：札幌市選挙管理委員会，1989

●北海道新聞社編：『写真で見るあの日の札幌　街並み編』，北海道新聞社，2018

●北海道新聞社編：『写真で見るあの日の札幌2　暮らし編』，北海道新聞社，2018

●越野武他著：『北の生活文庫（5）北海道の衣食と住まい』北海道新聞社，1997

●農文協編『伝承写真館 日本の食文化1 北海道・東北1』農山漁村文化協会，2006

●湯沢誠：北海道における米穀流通の展開：戦前における地域間流通の変容について，北海道大学農經論叢，26，p.141-168，1970

●桃野作次郎：北海道に於ける馬鈴薯農業の展開とその課題，法經會論叢12巻、p.37-50，北海道大學法經會，1952

●金子秀男：ゴム技術昔話集（その2）日本ゴム協会誌 第52巻第4号，p.201-206，1979

●飯塚さち子，平本福子：学校栄養士の職務制度に関する歴史研究　生活環境科学研究所研究報告，第45巻，p.27-36，宮城学院女子大学，2013

●鈴木道子；管理栄養士・栄養士養成施設の教育課程編成基準及び教員要件の変遷とその背景，東北大学大学院教育学研究科研究年報，第58集・第2号，p.25-50，2010

●山塙圭子：北海道の洋食文化に関する研究（1）明治から昭和初期の料理書に見られる洋風料理について，北海道女子短期大学研究紀要，24巻，p.27-42，北海道女子短期大学・北翔大学，1989

●中山和彦：ドイツ医学とイギリス医学の対立が生んだ森田療法―森田理論をその源流から探る―，精神學雑誌　110巻8号，p.698-705，2008

●農研機構水稲冷害研究チーム：図説：東北の稲作と冷害
http://www.reigai.affrc.go.jp/zusetu/reigai/kako/kyorei.html

●「越後佐渡ヒストリア」第29話～来たれ！生徒諸君～弥彦の明訓学校，新潟県立文書館
https://www.pref-lib.niigata.niigata.jp/?page_id=887

◉監修者プロフィール

鈴木　武夫（すずき　たけお）

学校法人鶴岡学園理事長。1931年、福島県生まれ。1954年、大東文化大学を卒業。1958年より現在まで60余年にわたり私学経営・教育に携わる。1957年、日本私立短期大学協会に入職。その後、日本私立短期大学協会常任理事・事務局長、学校法人大東文化学園理事長（1989～1997年）、短期大学基準協会理事・事務局長など要職を歴任。1969年に学校法人鶴岡学園理事・評議員に就任。鶴岡トシ理事長（当時）を補佐し、鶴岡学園の経営改革に取り組む。2000 年、同学園理事長職に就任する。2002年以降は、理事長職と共に北海道文教大学学長職を兼任する。現在の大学学部の2学部6学科、大学院の4研究科の体制を構築し、北海道文教大学の発展に寄与する。

浅見　晴江（あさみ　はるえ）

学校法人鶴岡学園事務局長。1966年学校法人鶴岡学園北海道栄養短期大学入学。鶴岡学園の創設者である鶴岡トシ理事長・北海道栄養短期大学学長（当時）に直接師事する。1968年、北海道栄養短期大学卒業後、学校法人鶴岡学園に入職。1983年、学校法人鶴岡学園評議員に選出される。財務部長・総務部長・学務部長などの要職を経て、2003年、同学園事務局長に就く。2006年、学校法人鶴岡学園理事に就任。2012年より常任理事を務める。学校法人鶴岡学園の創設初期から現在に至るまで50年間の変遷を知る。学外では、日本私立短期大学協会財務研究委員会員（1993～2006年）、北海道公安委員会札幌方面千歳警察署協議会委員（2009～2015年）などを務める。

◉著者プロフィール

佐々木　ゆり（ささき　ゆり）

北海道出身。広告制作プロダクションを経てフリーライターに。小学館『週刊ポスト』『女性セブン』『DIME』、新潮社『新潮45』、JAL機内誌『SKYWARD』等の雑誌で活動後、広告系冊子の編集制作に携わる。著書に、『家族―松本サリン事件・河野さん一家が辿った「深い傷」そして「再生」』（小学館文庫）、『障害犬タローの毎日』（アスペクト）、『コンビニ食材だけで健康ラクうまごはん』（CCCメディアハウス）、『血圧、血糖値下げに効く「ねじめびわ茶」』（主婦の友インフォス情報社）など。管理栄養士として、地方食品メーカーの食品開発や福島県事業にも関わる。北海道大学「海の宝アカデミックコンテスト」審査員。

協力／林忠彦作品研究室
題字／渡部俊弘（北海道文教大学学長）
装画／富田勝彦
装丁／佐村憲一（ナンバーワン・デザイン・オフィス）
本文DTP ／茂呂田剛（エムアンドケイ）

北海道・栄養学校の母　鶴岡トシ物語

2019年4月13日　第1刷発行
2022年5月1日　第2刷発行

著　者　佐々木　ゆり
発行者　唐津　隆
発行所　株式会社ビジネス社
〒162－0805　東京都新宿区矢来町114番地　神楽坂高橋ビル5F
電話　03－5227－1602　FAX 03－5227－1603
URL　http://www.business-sha.co.jp/

営業担当　山口健志　編集担当　本田朋子
印刷・製本　モリモト印刷株式会社

ISBN978-4-8284-2088-2